OHSAMA
BUNKO

「運のいい人」は
手放すのがうまい

大木ゆきの

JN102873

三笠書房

だ~れも、そんなこと言ってくれなかったかもしれないけれど……

実はあなた、
幸運をジャンジャン受け取れる
なかなかの才能を持っています。

本当です。

「そうかなあ。これまでお金にしても、パートナーにしても、仕事にしても、幸運をつかもうとしてきたけれど、いまひとつパッとしなかったよ。そんな私のどこに幸せをジャンジャン受け取れる才能があるの？」

こんなふうに感じているあなた。
そんなあなたに言っているんですよ。

あなたの一番の才能は、**「幸せになりたい！」**という想いがあるところ。

この想いがあれば、誰でもちゃんと幸せになれる。だけど……

惜しい。
実に惜しい。
めちゃくちゃ惜しい。

ボタンを一つ、掛け違えている!

いいですか? これからとっても大事な極意を伝えます。
心して聞いてください。

つかもうとするのをやめると、

逆に、幸運が流れ込む——

それが、宇宙の法則です。

「何かを、絶対につかみ取ってやる」

と鼻息が荒くなっているとき、
人の手って、どうなっていると思いますか？

そう……**手がグーになっている**んです！

グーになっていたら、たとえ宇宙が幸運を与えようとしていても、残念ながら受け取れません。
宇宙はいつだって、あなたの味方で、あなたに幸せになってほしいのに……。
せっかく「幸せになりたい！」という情熱があなたにはあるのに……。
ねっ、惜しいでしょ。

宇宙が与えてくれるラッキーやミラクルは、グーにしている手を開いてパーにすれば受け取れるようになります。

どういうことかというと、

✧とらわれない
✧しがみつかない
✧期待しない
✧流れに逆らわない
✧狙わない
✧気にしない
✧コントロールしようとしない

ってこと。つまり、**幸運を受け取るのを妨げている思考やこだわりを上手に「手放す」**ということです。

これまでの人生を振り返ってみてください。

「どうしてもこれだけは手に入れたい」と思っていたのに、手に入らなかったことは、案外多いものです。それは、

「これを手に入れなきゃ絶対に幸せになれない！」

と、こだわりすぎていたから。つまり、手がグーの状態になっていたから、ほしいものが受け取れなくなっていたんです。

多くの人が、何かをつかもうと前のめりになったり、何かをコントロールしようとしたりして、その結果、今日も空回りしています。

そして、だんだんと人生そのものに疲れてしまうのです。

あなたには、絶対にそうなってほしくない！

この本では、楽しいことをやっているだけなのに、心の通じる人や素敵な人たちと次々出会い、どんどんお金が流れ込み、想像さえしなかったミラクルが連続し、あなた本来の魅力や才能があふれ出す方法をお伝えします。

私自身、**「手放すこと」**を心がけ、宇宙の流れに身を任せるようになってから、人生が大きく変わりました。かつては手をギューッと固く握《にぎ》りしめ、もっと頑張らないと、社会に認められるようにならないと、と自分を追い込み、まったくうまくいかない日々を送っていたのですが……今は、想像以上の幸運に恵まれ、心の底から楽しく、満たされた日々を送っています。

ここから、何をどう手放すことが大事なのか、一つひとつお伝えしていきたいと思います。この本に書かれていることは、何より、私自身が、身をもって学んだ**「宇宙の法則」**です。

肩の力を抜いて……そして、固く握った手の力も抜いて、気楽に読んでくださいね。

大木ゆきの

もくじ

Chapter 1 「こだわり」を手放すとスパーンと開運☆

――合言葉は「もっと豊かに、楽しく、幸せに」！

Chapter 2

もっと気持ちよく人と付き合うコツ

――自然と周りに人が集まってくる人の秘密

Chapter 3

「豊かさ」があふれ出す心の持ち方

――宇宙銀行に「幸せ預金」を積み上げよう

Chapter 4

目標にとらわれなければ、想像以上の幸運が

——ときには「勇気ある撤退」が開運につながる

Chapter 7

すんなり諦めると、もっと「いいこと」に出会える

――こだわりすぎない、ガッカリしすぎない

Chapter 10

「とにかく、やってみる」をデフォルトに設定
――その「ためらい」「怖れ」は人生のお邪魔虫

宇宙とつながるワーク

Chapter 1

「こだわり」を手放すとスパーンと開運☆

——合言葉は「もっと豊かに、楽しく、幸せに」！

「宇宙のミラクル」は全方位から受け取り可能！

知っていましたか？

宇宙はいつでも、あなたが豊かに、楽しく、幸せに生きられるようになってほしいと、あらゆる素晴らしいものを用意しています。

だから幸運って、**３６０度全方位から流れ込む**ようにできています。

それを、

「年収がこれくらいにならないと幸せにならない」

「人に自慢できるキャリアがないとダメ」

「人に好かれるには、もっとやせてキレイにならなくては」

と、何かに必要以上にこだわっていると、

「360度のうち、この角度から流れてきたものしか受け取りませんよ」

と宇宙に対して宣言している状態と同じになってしまうのです。


宇宙はいくらでも素晴らしいものを用意してくれているのに、たった360分の1しか受け取らないなんて、これほど「もったいない」ことはないですよね。

「もっといいもの」や「もっと素晴らしいもの」だってドシドシ受け取れるのに、その可能性にすべてフタをしている状態になっているわけですから。


「どうしても、どうしても、どうしても～！」と、何かにこだわればこだわるほど、幸運を受け取る間口《まぐち》がどんどん狭くなって、針の穴くらいになってしまいます。

何かにしがみついて、強く強くほしがるほど、その願いを叶《かな》えるのは針の穴にスイカを通すくらい難しくなってしまうのです。

針の穴にスイカだよ、スイカ！　通るわけないよね。

「幸せになりたい」と思っているのに、本人はその真逆のことをしていて、そのことにまったく気づいていない。

あ～もう、やりきれない！

私は地団駄《じだんだ》を踏みたい気分です。


だからあなたには、このカラクリをぜひとも理解してほしい。

こだわりを手放せば、幸運は３６０度全方位から受け取れるってことを！

Point

幸運を受け取る間口はいつでもオープンに♪

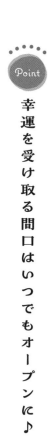

もっと気分よく「望みが叶った自分」を想像！

というわけで、無駄なこだわりは捨てたほうがいいのです。

だけど、「望みを捨てること」とは違います。

何も望まなければ、失望することもない……なんていう消極的な生き方のススメではありませんので、そこのところ、間違えないでくださいね。

むしろ、どんどん夢を思い描いてください。

大切なのは、限界なんて作らずに、どこまでも大きく受け取れる状態を作ること。

「宇宙が与えてくれるどんな幸運だって360度全方位から受け取っちゃうよ〜」

と、両腕を広げている態勢を作ることなんです。

だから、**望みは捨てるのではなくて、大事にする。**

大事にするだけでなく、どんどん広げる。

いくらでも大きく夢見て、胸を躍らせていいんです。

「あんなことも、こんなことも叶っちゃって、キャ～ッどうしよう♪」と一人でニヤニヤしたって、「もう、たまらな～い♪」と転げ回ったってOKです。

望みを大きく広げるのに、「調子に乗る」というのはとっても大事なこと。

子どもの頃、お姫様や王子様になった自分を想像して、まるで自分が本当にそうなったかのような気分になって、町を行く人たちにロイヤルスマイルをやたらと振りまいていたことってありませんか？

そのとき、間違いなく「調子に乗って」いましたよね。そのくらい、**頭の中をおめでたく**してみましょう。いくらでも夢見ていいんです。

Point

「もう、たまらな～い♪」とニヤニヤするくらいでOK

いつでも心を「歓びの周波数」にチューニング♪

お伝えしたように、いくらでも大きな夢を思い描いて、ワクワクのドッキドキでいてください。

だけどその夢にガチガチにこだわって、「どうしても思い描いた通りになってもらわないと困る」「ちゃんと叶わないと意味がない！」と力が入りすぎていたら、要注意。

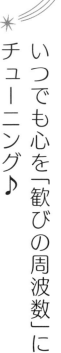

それってまるで、宇宙を強迫しているみたいではありませんか？

いくらでも夢見ていいけれど、その結果にこだわらないこと。

握っている手を開いて、宇宙にお任せし、どんなでっかいものだって受け取れるように、受け取る間口だけはゆるゆるに広げておきましょう。

宇宙は、一人の人間ではどうにもできないようなことを、やすやすとやってのけてしまう「想像もつかないほどの力」を持っています。それに、**すべてを見通しているから、ベストなタイミングでベストなことをしてくれる**。

人間にはすべてを見通すことなんてできないから、宇宙の意図が理解できないこともあるでしょう。だから、なんでも自分の思い通りにコントロールしようとしてしまうんですよね。

だけど、それがかえって幸運を受け取りにくい状態を作ってしまうのです。そのことをしっかり肝《きも》に銘《めい》じておきましょう。

大きな夢を見ている瞬間って、心がときめいて、とっても楽しいですよね。

そんなとき、あなたの内側からは、光があふれ、美しく輝いています。

そして、**心が歓びで輝いているときの周波数は、宇宙の創造の源にある「至福の**

周波数」と同調しています。

周波数とは、この世に存在しているすべてのものが発している波動の動きのこと。同じ周波数のものは引き付け合い、カタチになっていくのが宇宙の法則です。

宇宙の創造の源は「至福の周波数」でできているから、その周波数と同調するということは……。

おめでとう♪　あなたの人生にも至福が流れ込むということでもあるんです。

そう、ちょうど周波数が合うと、ラジオの音が聞こえるように……。

だから、あなたは**大きく夢見て、胸を躍らせることにだけ責任を持てばいい。**後のことは、宇宙のほうがずっとうまくやってくれるのです。

Point

心がときめいた瞬間、宇宙から幸運が流れ込む

小さくまとまっても「いいこと」ゼロかも？

どうも、**何かにつけて「小さくまとまってしまう」人が多い**ように感じています。

本当はいくらでも受け取っていいのに、どこかで受け取ることを怖れている。

「そんなに幸せになったら、人から妬《ねた》まれてしまう」

「急に幸せになると、その分、後からツケを払わなきゃいけなくなる」

というふうに……。


まだ起こってもいないことを、あたかも起こることが決まっているかのように心配し、そのせいで周波数も下がって、またしても幸運を取り逃してしまう。

その上、「自分のような人間は、受け取れたとしても、せいぜいこの程度」と勝手に枠を決めてしまうのです。

本当は素晴らしい才能や魅力を持っているのに、その力を信じようとしない。

いろんな意味で、**余計な「遠慮」をしている**ってこと、自覚していますか？


あなたがこの世界に生まれてきてくれて、様々な体験をしてくれていることで、宇宙は豊かになっています。

今、この瞬間もそうです。

何か特別なことができないと価値がないわけじゃない。

あなたがあなたとしてこの世に存在してくれているだけで、どれだけ宇宙に貢献しているかわかりません。


これからは、**生きているだけで、この地上に存在しているだけで１００点だ**ということを前提にしてください。存在証明をしなくても、あなたは十分に価値があるって認めてください。

余計なこだわりを持つことだけでなく、余計な遠慮をすることも今日限りやめましょう。

どこまでも受け取れる状態を作るには、その遠慮が一番のジャマ者です。

逆に遠慮をやめてしまえば、受け取る間口が格段に広がり、**今とは次元の違う人生が自動的に開けていきます。**いくらでも受け取って、いくらでも幸せになっていいのです。

これからは、お気楽な「受け取り上手」になりましょう♪

Point

つまらない遠慮を捨てれば人生の次元が変わる

人生の羅針盤《コンパス》にすべきは「自分の魂が望むこと」

ここで言う「遠慮しない」とは、**「自分の価値を認める」**という意味です。

今日まで必死に生きてきたあなた。

いろんなことがありながら、今日まで本当によく生きてきてくれました。心から尊敬します。

そんなあなたを、あなた自身が敬《うやま》い、大事にし、**宇宙が与えようとしている恩寵《おんちょう》をありがたく受け取っていいと認めることが「遠慮しない」ということ**です。

そのことをきちんと受け入れられたなら、あなた以外の人も同じように大切な人だと理解できるはず。

つまり、自分の尊さに目覚めることが、ここで言う「遠慮しない」ことであり、それは同時に他人の尊さに目覚めることにもつながります。

そうなれば、他人に対して、傍若無人《ぼうじゃくぶじん》な態度にはならないはずです。**傲慢《ごうまん》になるどころか、人のことも尊重できるようになる**んです。

宇宙に愛されているあなたは、神の分身でもあります。その魂が望むことであれば、尊重するべきでしょう。

ときにはそれが、人の期待から外れることもあるかもしれません。あなたが望む方向へ進んだときに、そのことをとがめたり、あなたから離れていく人もいるでしょう。

でも、それはそれでいいんです。

あなたは、誰かの期待に応えるために生きているわけではありません。

あなた自身が持って生まれた力を思う存分発揮して、**まず自分自身が歓びに満たされる**こと。それが、ひいてはたくさんの人の幸せにもつながっていく。

そして、そんなあなたの周りには、たくさんの理解者や応援者が集まることになる。だから、方向転換した当初、人が離れていったとしても、執着するのはやめましょう。

魂のままに、遠慮なく生きていって大丈夫ですからね！

Point

あなたは「誰かの期待に応える」ために生きているわけじゃない！

宇宙とつながるワーク

Work 1 夢見る「うっとりタイム」

いくら理屈でいろいろな話をしても、実際にどうしたらいいのかわからない人もいると思います。そこで、章末に「宇宙とつながるワーク」を紹介していきます。どれもみんな、すぐにできることばかり。楽しみながら毎日やっているだけで、確実に意識が変わり、行動も変わり、ひいては人生も変わってきます。ぜひ試してみてくださいね♪

それでは早速、最初のワークです。

夢はどこまでも大きく広げていいという話をしました。でも、日々やらなければならないことに追われていると、夢を思い描く時間を持てなくなってしまうもの。

だから、意識して、一日の中で思う存分夢見る、**うっとりタイム**を作ってあげましょう。

お伝えした通り、あなたは本当に尊く、大切な人。

そんなあなたをちゃんと大切におもてなしし、心ゆくまで夢を見させてあげるのです。

すると、宇宙からラッキーやミラクルを受け取る間口がますます広がります。

たとえば入浴時間をうっとりタイムにするのだとしたら、ぬるめのお湯にゆっくりつかって、好きなアロマオイルやバスソルトを入れて、至福のひとときを過ごす。

そしてその幸せな気分のまま、「こんなことをやりたいなあ」とか、「こんな生活ができたら楽しいだろうなあ」って夢をどこまでも膨《ふく》らませる。

あるいは、自分のお気に入りのちょっと高級な飲みものをいくつかそろえておいて、その日の気分にマッチする飲みものを、ゆったりソファにでも座って味わいながら、夢をどこまでも広げて楽しんだりするのもいいですね。

ときには高級ホテルに泊まって、夜景を見ながらシャンパンを開けて、大きな夢の翼を広げたりするのも素敵♪

とにかく、自分が心地よく感じて、くつろげる状態を一日の中にちゃんと作ってあげて、そのリラックスした状態の中で、夢見るようにしましょう。

あなたは、どんなときが至福の時間ですか？

あなたの好きなようにうっとりタイムを作って、目いっぱい楽しんでください。

Work 2 太陽に向かって「受け取るポーズ」

太陽は、この地球であらゆる命をはぐくんでくれる命の巨大な母体みたいなもの。

だから落ち込んでいるときは、ウチでじっとしているより、たとえベランダであったとしても太陽の光を浴びるだけで元気になったりします。

太陽の光には洗濯ものを乾かすだけじゃなく、特別なパワーがあるってことを、あなたも感じていますよね。

そんな太陽の下で、足を軽く肩幅くらいに開き、両腕を天に向かってVの字に開き、顔を上に上げるポーズをとってみましょう。

そして太陽の光をいっぱいに浴びながら、

「私は最高に素晴らしい。これからもどんどん最高のものを受け取ります」
「宇宙よ、今日もありがとう」

と心の中で言ってみてください。

それだけで力が湧き上がってきますよ。

すると、「そうだそうだ！　自分は生きているだけで100点だったんだ」ということも思い出せるし、こんなに価値のある自分なんだから、いくらでも素晴らしいものを受け取って当然なんだっていう気もしてきます。

これを朝会社に行く前とか、お昼休みとか、いつだってやりたくなったときにやってみてください。

本当は太陽の下でやったほうが効果的ですが、雨の日もあるだろうし、外に出られない状態のときもあるかもしれない。そういうときは部屋の中でやっても構いません。

とにかく1カ月くらいは続けてみて。これだけで気分が変わって、ラッキーなことにも恵まれやすくなると思います♪

Chapter 2

もっと気持ちよく人と付き合うコツ

――自然と周りに人が集まってくる人の秘密

自分も周りも元気になる「人付き合い」の極意

人間関係に悩んでいる人って、本当に多いです。


「同僚たちのおしゃべりの輪に、いまいち入れない」

「いつも私から誘ってばかり。たまには誘ってほしい」

「上司が毎日イヤミを言ってきて、ストレスMAX！」

「片思いしている相手に、自分のことを好きになってほしい」

「最近、夫婦の会話が減ったような……」


仕事、家庭、恋愛、友人関係……自分以外の人と関わるあらゆる場面で、様々な悩みが発生しています。


これらの悩みの背景にあるのは、こんな思いではないでしょうか。

「もっとこうしてほしい」「もっと私のことを考えてほしい」。

でも、思い通りにならないことって多いですよね。


あなたも「自分だったら」と考えてみればわかると思います。

誰かがいつも、心の中であなたのことを「自分の思い通りにしよう」と思っていたとしたら……。どんな気分でしょうか。

たとえ相手が、そのことを口に出さなかったとしても、なんとなくうっとうしいような、避けたいような気分になってきませんか？

それって少しも不思議なことではありません。


今、私たちが生きている三次元の世界では、一人ひとりの人間は、それぞれ別の存在だと認識されています。

だから、「思っていることは、口に出さなければ相手に伝わらない」と思われていますよね。でも、実は、そうではないのです。

みんな根元のところでは一つにつながっている。それを「**ワンネス**」と言ったりします。

だから、相手があなたに対して何かを思っていると、それがなんとなく伝わってくるのです。


つまり、あなたが誰かに「もっと私のことを考えて」「私の思い通りになって」と執着していると、その願いが通じるどころか、かえってうとましく思われてしまうということ。残念ですよね……。

たまにお互いが同じように執着していて、表面上はうまくいっているように見える関係もあるでしょう。でも、どちらも「相手を自分に都合のいいようにコントロールしたい」と思っているわけだから、やがて互いの利害が衝突することになり、最終的にはうまくいかなくなるのです。

恋愛においても、家族関係においても、ときどき「執着していること」と「愛していること」を混同している人がいるけれど、これは大きな勘違い。

執着とは、極論すると、「相手に自分を満たしてもらいたいという願望」なんです。だから、執着は相手を不自由にする。

だけど、**愛は「相手を満たそうとする優しさ」**。

正反対ですよね。だから、愛は相手を自由にする。

相手を満たしてあげたい――そんな思いの持ち主なら、気づけば周りにたくさん人が集まってくるのもごく自然なことですね。

Point

「自分に都合のいい思い」って、相手にバレてます

人に好かれる一番の秘訣は「何も求めない」

「相手をコントロールしたい」という気持ちを手放せば手放すほど、あなたは愛されるようになります。

相手の幸せを願うだけで、何も求めない。相手の好きにさせる。

そしてなんらかの接点があったなら、自分にできることは心を込めてする。それは決して「恩を売る」とか「見返りを期待する」ということではありません。そういう下心は、相手になぜかしっかり伝わるもの。

だから、純粋に心を込めて、できることをするだけ。

後は、自分の好きなことに集中していればいいのです。

そうなると、**今度は相手のほうが、あなたのことを思い浮かべただけで、なんだかホッとしたり、笑顔になれたりする**ようになります。

だんだんと、相手もあなたに会いたくなってきて、顔を見たいなあ、一緒にお茶でも飲みたいなあって思うようになる。

どう考えても、嫌われるようなことにはならないと思います。

どんなに愛する人でも、気の合う友人でも、相手のことを試したり、疑ったり、束縛しようとしたりしないことが大事です。

自由にさせましょう。

いつでも変わらず、相手の幸せを願う。かといって、相手に気に入られようと、頑張って何かすごいことをしようとしなくてもいい。

とにかく、無理をする必要はありません。何かするなら、本当にしたいと思ったことをするだけでいい。そして、変わらずなんの見返りも期待しない。

ただ純粋に、あなたの愛を表現することです。

「お礼のメールが来ないなあ」とか、「今度は相手も私に何かプレゼントするべき」とか、そういうモヤモヤした気持ちは一切、手放す。

愛は、何かを差し出したら、何かを受け取る決まりになっている「契約」ではありません。

思い切って、そういうものを全部手放してしまえば、意外なことに、相手はますますあなたに引き付けられるのです。

Point

「見返りを期待する気持ち」とサヨナラしよう

必要のない「しがらみ」はあっさり手放す

相手にどう思われるか。

人間関係に悩む多くの人が抱えている思いですが、それよりももっと大事なことがあります。

何かわかりますか？

それは、あなたがその相手を「どう思っているのか」を見極めること。

友人関係でもパートナーシップでも、ビジネス上のお付き合いでも、一度関係が築かれると、ときとして人は、「絶対に手放すものか」「あの人は私のもの」と、相手に執着してしまうことがあります。

そんなふうに相手にギュッとしがみついてしまうと、相手との関係を冷静に見極められなくなってしまいます。本当は自分とは合わない人かもしれないのに、無駄に関係が続いてしまうこともあるのです。

だから、いっそのこと**「いつ手放してもいい」というくらいの気楽なスタンス**でいればいいのです。そのほうが、相手もあなたも自由でいられるし、自分らしくいられます。そして、心が広くなったような感覚を持てるでしょう。

そして、気が合わなかったり、価値観の違いに気づいたりしたときには、**「この人は私とは違うんだなあ」と、あっさり離れる**こともできますよね。

つまり、**相手にしがみつかずに、あなたが相手を選ぶスタンス**でいればいいってこと。

学生時代は一緒にいると楽しくて、気の合う親友だった。でも、社会人になって、それぞれ別の世界に進み、興味の対象も変わっていくにつれ、一緒にいても楽しくなくなってきた――そんなことってありますよね。

寂しいと感じるかもしれないけれど、それは距離を置いたほうがいいということ。しがみつかなければ、また次の縁がつながる可能性も広がる。一度親しくなったら、一生親しくしなければいけないわけではないのです。

もっと言うと、気の合わない人としがらみで付き合っているよりも、一人でいたほうがずっといい。そのほうが、あなたのエネルギーも時間もお金も、本当にやりたいことのために使えます。

だから、**あなたが「本当に集中したいこと」に集中できる状態**を作ることにもつながるというわけ。

付き合っている相手をいつでも手放せるくらい、楽なスタンスでいていいのです。

Point

いつだって「相手のこと」より「自分のこと」にエネルギーを集中！

「ご縁の切れ目」を淡々と受け入れる

あなたとしては、魅力的な人だと思い、ぜひ仲よくしたいと思っても、相手も同じように思ってくれるとは限らないですよね。

また、あなたがいくら純粋に相手の幸せを願い、何も求めず、できることをやっていたとしても、相手があなたを同じように思ってくれないこともあるでしょう。

相手があなたの元を去っていく――。

それがなんのサインか知っていますか？　それは、

「あなたには他にもっとふさわしい人がいますよ」

というサインです。

だけど人は、

「あの人が去っていったのは、自分に魅力が足りないからだ」

「自分は○○ができないから見限られたんだ」

とか、いろいろな理由をつけて自分を卑下《ひげ》してしまいます。


あのね、そんなことないですから！

相手があなたの元から去ろうとするのは、何もあなたに魅力がないことを思い知らせるためではありません。

この際だから、はっきり言いましょう。

人間の愛憎模様は、そのほとんどがエゴとエゴとのぶつかり合い。たまたまエゴ同士の利害が一致して、急接近することもあるけれど、ずっと親しい関係でいられるのはレアなことなんです。

だから、愛し合うことができなかったとしても、それは「よくあること」にすぎません。思いが伝わらないとき、悲しみの感情を抱くのは自然なことですが、あなたの本質は、何ひとつ損なわれることはありません。ましてや、魅力があるとかないとかの問題ではないのです。

自分のことを責めるより、**ただ単に「この人とはご縁がなかったんだな」とあっさり回れ右すればいい。**

握りしめている手をパッと開けば、新しい「ご縁」もスッとつかめます。

いつまでも自分を責めたり、相手にしがみついたりすることを手放せば、あっさりと次の縁とつながれる。

だから、**去る者は追わず**でＯＫなのです。

Point

「去る者は追わず」で次の縁につながる

宇宙とつながるワーク

Work 3 自分にラブレターを書く

ここで、ちょっと面白いことをやってみましょう。

あなたが「最愛の人からこんなふうにラブレターを書いてもらったら、最高にうれしい♡」と感じるラブレターを**自分で自分に書いてみる**のです。

その人はあなたのことを全部知っていて、どんなあなたのことも愛してくれて、受け入れてくれる人。その上とっても魅力的で、一緒にいるだけで触発されるような人です。

そんな最高の人になり切って、自分に熱烈なラブレターを書いてみてください。

あまりの愛の強さにしびれて卒倒しそうなくらい、ここぞとばかりにすごいラブレターを書いてみましょう。

そして、**本当にそれを自分に出す**のがポイント♪

ちゃんと切手を貼って、ポストに投函《とうかん》しちゃいます。


せっかくポストに投函するのですから、この際、便せんや封筒も重視しましょう。

いくらフェイクだからって、レポート用紙とか広告の裏とかはダメですよ！

最愛の人から届く、最高のラブレターなのですから。

「こういう便せんと封筒で送られたら幸せＭＡＸだな」というものを選ぶこと。切手だって心から「いいな」と思える、素敵な１枚を選びましょう。


本気を出して、やってみて！

書いてるうちに、「そうか、私ってこんなにも魅力的な人だったんだ」って思い知るから。そんな手紙が本当に郵便屋さんから届いたら、なんだかますますその気になってきますよ。

「余計なもの」を手放すには、自分がそもそも素晴らしい人間なんだと心から認めることが一番です。

これまで一生懸命生きてきた自分をほめたたえる意味でも、最高のラブレターを書いて自分に出してみましょう。

Work 4 自分に都合のいい妄想をする

人を追っかけ回さないこと。
自分に都合のいいように人をコントロールしようとしないこと。
それが「素敵なご縁」を受け取るコツだという話をしてきました。
だから、これからは、実際に「**放っておく**」練習をしましょう。
仕事の取引先とのメールには、返信したり、返事を待っているのになかなか来ない場合には催促したりする必要がありますが、「返信や催促が必要ではないメール」ってありますよね？

たとえば友だちに「お誕生日おめでとう」とか、「最近どうしてる？」とか、「今度食事にでも行かない？」みたいなメールを送ったのに返信が来ないとき。そういうときは、思い切って、「放っておいてみる」のです。

こんなとき、これまでは「無視されたのかな？　嫌われたのかも」と、勝手に思い悩んで気をもんでいたかもしれません。でもこれからは、こういうふうに思ってみてください。

「きっと相手も忙しいんだろうなあ」
「もしかすると体調が悪くて、すぐに返信できない状態なのかもしれない」
「失恋して、落ち込んでいて、誰とも会いたくないのかも……」
「仕事でつらいことがあって、心に余裕がないのかもしれない」

なんだっていいのです。だって、「相手があなたのことを嫌っているから返信が来ない」というのは、確証のない〝妄想〟なんですから。

それならば、**「自分に都合のいい妄想」をしたほうがよくありませんか？**

そして自分の人生に集中して、楽しいことをしていればいいのです。

そうすると、本当に相手にはなんの悪気もなくて、ただ単にあなたからのメールを見落としていただけということが判明したりします。

あなたのことを避けたくて無視している場合もあるかもしれませんが、だったらなおさら、「去る者は追わず」でしたよね。それだけのことなのです。

Chapter 3

「豊かさ」があふれ出す心の持ち方

——宇宙銀行に「幸せ預金」を積み上げよう

まずは「お金の召使い」を卒業する

みなさんは、アルバイトをしたことがあると思います。そのアルバイトを選ぶとき、何を基準にしましたか？

多くの人が「時給の高さ」と答えるのではないでしょうか。

大学生がアルバイトをするときなら、それももっともなことだと思います。

でも、**「時給の高さ」を基準にするとは、「お金のために働きます」と宇宙に宣言しているのと同じこと**なんです。

よく考えてみると、「自分のため」ではなく「お金のため」に働くとは、「お金がご主人様」で、「あなたは召使い」ということです。極論すると「お金様に私をささげます」と言っているのと同じなわけです。

そして、召使いの言うことをなんでも聞いてくれるご主人様なんていませんよね。いつの時代も、ご主人様のわがままに振り回されるのが召使いの定め……。だから、「お金のため」に働いている人ほど、お金に振り回されて当然だし、思い通りにお金が流れてこないのです。

よく、「どうしたら、もっとお金が稼げるようになるんだろう……」と悩んでいる人がいますが、**その発想自体がお金に振り回される状態を作り出す**ことを、この際しっかりと認識しましょう。

「ある程度の生活」をするためには、確かに「ある程度のお金」が必要なのも事実。でもお金さえあれば、いつでも人は幸せになれるかといえば、そうとは限りません。お金がありすぎることで、争いが起きることもあるし、無理な業務拡大をして破産することだってある。

つまり、大事なことは、**幸せで、かつお金も豊かに流れ込む状態**であること。

そのためには、お金をご主人様にするのではなくて、**自分がお金のご主人様になること**なんですよね。

そのために何を中心に据《す》えればいいのか、それは次の項目でじっくりお話ししていきます。

Point

お金ではなく自分が「ご主人様」になる

「魂レベルで楽しい♪」ことをする

お金さえあれば、もっとおいしいものをたくさん食べられるし、おしゃれな服も着られるし、快適な家に住むこともできる。習い事にも気兼ねなく通える。それはある意味、その通りだと思います。

だけど、何度も言いますが、そういう発想自体が、お金をご主人様に据えてしまうことになり、お金に振り回され、思い通りにならない状態を作り出すことにつながります。こちらも真実なのです。

だったら、何を中心に据えればいいのでしょうか……。

それはズバリ！

あなたが本当に満ち足りて幸せになる**「魂の歓び」**です。

いつでも、

「魂の底から満たされて、楽しくてたまらないことをして生きるには、どうしたらいいんだろう」

ということを、あなたの人生のど真ん中に置いてください。「どうしたら、お金をもっと稼げるようになるんだろう」の代わりに、です。

すると、あら不思議。

あなたの「魂の歓び」がご主人様で、お金はあなたを幸せにするための召使いになってくれます。

あなたが「私はこんなことをしてみたい」と魂の底から望めば、驚くべきことに、「なんでこんなところからお金がやってくるんだろう？」

というところから、お金が流れ込んできたりします。

お金は、「魂の歓び」がご主人様のときは、本当に〝有能な召使い〟になってく

れるのです。

しかも、あなたが「魂レベルで楽しい♪」と思えることをしていると、お金はあなただけでなく、他の人にも流れ込みます。

たとえば、歌うことが「魂の歓び」で、たくさんの人に感動を与える歌手が地方の大都市でコンサートをすると、その会場どころか周辺のホテルまで満室になります。会場となる都市にたくさんのファンが訪れて食事をすればレストランも儲かり、お土産を買えばお店だって儲かる。移動をすれば、鉄道会社やバス会社、タクシー会社だって儲かる。

このように、たくさんの人にお金が大量に流れ込むようになるのです。

あなたが自分に素直になって「魂の真の歓び」を中心に据え、それを具現化していくと、お金という召使いは、とってもよく働いてくれるのです。

Point

人生のど真ん中には「魂の歓び」を！

「自己肯定感」と「年収」は比例していた!?

あなたの人生に豊かさをあふれさせるために、とても大事なことがあります。

それは、**自分を安く見積もらない**こと。

「どうせ私なんて、才能もないし、この程度しか稼げないのも無理ないか」

「自分なんて大した価値もないのに、そんな自分が人様からお金をいただくなんて、申し訳ない……」

自信のなさから、こんな罪悪感を持つ人たちは多いものです。

だけど、これがまったくの勘違いであることは、これまでにもお伝えしてきた通り。あなたはそもそも素晴らしい人であり、宇宙にとってかけがえのない大切な人なのです。あなたが大切な人であることに、いかなる証明もいりません!

「私が存在していること自体が、この世界への最大の貢献」――それくらい、自分に自信を持ってもいいのです。

そんなふうに価値のあるあなたなのですから、お金を受け取ることに遠慮する必要などありません。

遠慮している自覚はなくても、潜在意識下で自分のことを低く見積もっている人は多いものです。たとえ「魂の歓び」を意識できていても、自尊心が低いままでは、お金はスムーズに流れ込んでこないのです。

「何かを達成して、何かを手に入れて、初めて自分に価値が生まれる」と思い込む人たちも同じです。

そういう人には頑張り屋さんが多くて、しかもしっかり「結果」を出したりしているものだから、ますます無理をして頑張り続けてしまうのです。

だけど、それでは幸せなお金持ちへの道は、はるかかなた。いつか疲れ切って、どこかにその反動が出てしまうでしょう。

このことに心当たりのある人は、今すぐ「何かを達成するから、自分に価値が生まれる」という考えをポイッと捨て去ること。

「私は、存在しているだけで価値がある！」

この自己肯定感を、遠慮なんてせずに採用するに限ります！

Point

「私は、存在しているだけで価値がある」と胸を張ってみる

「私心のない人」ほど信頼と豊かさが集まってくる

究極的には、お金は豊かさの一つの表われにすぎません。
豊かさって、お金以外にいくらでもあるんですよ！
チャンス、出会い、時間的なゆとり、プレゼント……。これらは全部「豊かさ」です。
３６０度、あらゆるところから恩寵を受け取っていいのです。
そんな豊かさに恵まれるには、**見返りを求めない**ことが大事。
「これをしてあげたら、これが返ってくる」という期待をしない。
「ほしいものを手に入れたい」という下心をもって誰かに何かをしてあげるのをや

める、ということです。

2章の最初の項目でもお話ししましたが、人って別々に存在しているように見えるけれど、大元では一つ、つまり「つながって」います。

だから、見返りがほしいという下心や思惑《おもわく》は、相手になんとなく伝わってしまうのです。

そうなれば相手は警戒して、ギューッとエネルギーが収縮状態になる。すると相手は突然、「拒絶態勢」に入り、その作戦は失敗に終わってしまいます。

では、どうすればいいのか？

ここでもやっぱり、**やりたいから、与えたいから、それが「魂の歓び」だからやる**というスタンスでいればいいのです。

ただ純粋に相手の幸せを思って、「やりたいからやる」だけ。

その結果、相手がどう出ようと、それは相手の自由。やったこと自体で満足する。

だけど、そんな「私心のなさ」がまた相手の魂に響くんですよね。

ゴリゴリの「見返り主義者」だった頃にはどんなにほしくても手に入らなかったものが、すんなり流れてくるようになります。それどころか、それ以上のものが流れ込んでくることさえあります。

残念ながら、そうなることを「密《ひそ》かに狙っている」うちは、そういうミラクルは起こらないですけどね。

でも、**見返りを求める気持ちをかなぐり捨てれば捨てるほど、ますます様々なところから豊かさが流れ込むようにできている**のです。

Point

「下心」を手放すと奇跡が起きる下地が整う

「与える歓び」の桁を上げれば、「手にするお金」の桁も上がる

あなたは本質的に無限の宇宙と一つになっています。

なぜなら、**あなたの魂を生み出したのは、創造の源である宇宙だから。宇宙が親で、あなたは宇宙の申し子**ってこと。

ということは、羊の仔《こ》は羊であるように、あなたも宇宙と同じ無限なる存在でもあるのです。

だったら「限界」なんて設ける必要もないですよね。「この程度で結構でございます」的に、自ら小さくまとまらなくてもいいのです。

でも、これがなかなか難しいところがあるようなんですよね。

特に日本人に多い傾向なのかもしれないけれど、「月2万円くらい自由に使えるお小遣いがあったらなあ」っていう程度のことを受け取ることさえ、申し訳なさそうにしている。

全然、申し訳なくないって!

1章で、「夢はどこまでも大きく思い描いていい」と書きました。

今、あなたはどのくらい想像の翼を広げられていますか?

あなたが**自分の「魂の歓び」を最大限に表現できたとしたら、どれほどの人に歓びや勇気や力を与えることか。**

どれほどの人の生活を快適にすることか……。

その大きさが、きちんと想像できていますか?

その大きさに、実は限界なんてないのです。

自己認識を「今日を生きるのがやっとの人間」という設定にしないでください。

あなたはそんなに無力な人ではないですから。あなたが本気で「魂の歓び」に生きたら、びっくりするほどたくさんの人に力を与えられる。

与える歓びの桁《けた》が上がれば、それに相応して受け取るお金の桁も上がる。

わざわざ小さくまとまらないでくださいね。

自分が思う存分、「魂の歓び」を表現し、たくさんの人に力を与えているところを、どこまでも想像してみてください。人に歓びを与えれば与えるほど、結果的に豊かさも流れ込んでくるんです。

優先すべきは、与える歓びを大きくすること。

このポイントを、くれぐれもお忘れなく！

Point

まずは「歓びを与える」ことに全集中！

あえて損することをしてみると、得することが増えていく

人間、誰しもできたら損はしたくないですよね。できるだけ得したいですよね。

だったらなおのこと、**損得にとらわれないこと**。

「ええ？　注意しないと損しちゃうじゃない」という人もいるかもしれません。

ところが、そうとも限りません。

あなただけでなく、みんなが「損したくない」と思っています。そして、「損したくない」と思っている人に、「自分のほうが少しでも多く得したい」というスタンスで近づくとどうなると思いますか？

相手に警戒されます。「こいつにびた一文渡すもんか！」って身構えられます。

そうなると、人間関係もギクシャクしてくる。

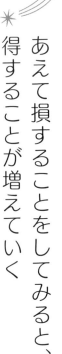

その状態で自分の得になることなんて、起こらないですよね。

だから、むしろ**「損してもいい」というスタンス**でいること。**こっちから先に差し出して、相手に得をさせてしまうくらいだと、なおいい**のです。

あえて、損することをやってみるのも手です。

たとえば、必死で競い合っているライバルを助けるとか、いつもは絶対に謝らないのに、こっちから「ごめんなさい」って言うとか……。

あれっ？　これって本当に損していることになるのでしょうか。

なんだか「いいこと」をしている感じがしませんか？

そうなんです。「損得にとらわれている状態のほうが、得ではない状態」なのです。**損得ではなく愛を大事にする**と、あなたは人からも信頼され、結果的に得することがどんどん起こってきます。

Point

「損したくない気持ち」が強すぎると、人間関係がギクシャクする

宇宙とつながるワーク

Work 5 プチサービスをする

見返りを求めないほど、豊かさが流れ込むという話をしました。

その感覚に慣れるために、日常的に小さな奉仕活動をしてみましょう。

奉仕活動というと、募金集めや海岸清掃などをイメージするかもしれませんが、そういう大々的なものではなくて、もっと些細《ささい》なことでいいのです。

たとえば、トイレに入ったときに、ペーパーがなくなっていたら替えるとか、あなたを見上げる赤ちゃんに向かって天使のような笑顔を見せるとか、お店などの入り口で、次に入ってくる人のために扉を押さえておくとか、エレベーターで降りる人のために、開くボタンを押して待っているとか……。

このプチサービスをするときには、なんの見返りも求めず、ただやること自体に歓びを感じながらやってみましょう。

「ちぇっ、私の前にトイレに入ったヤツ！　なんでペーパーがなくなったまま出たんだよ」

という気持ちでやるのではなくて、

「私の次に入る人は、私が替えたなんて知らないけど、快適に過ごせる♪　よかったなあ」

という気持ちでやってみるのです。

プチサービスができたこと自体を歓ぶ。今日も一日、何か一つはお役に立てることができてよかったなあって。

そんな気持ちで毎日過ごしていると、あら不思議。

「なんだか最近、周りに親切な人が増えたなあ」

「ツイてることが多くなったなあ」

「困っているときに助けてもらえるようになったなあ」

こんなふうに感じることが増えてくる。

そうなんです♪

幸せ預金が、宇宙銀行からどんどん流れ込んでくるようになるんです。


なんの見返りも求めずプチサービスをしていたことで、**宇宙銀行に「幸せ預金」がたくさん積み立てられていた**ってこと。

もちろん、そんな見返りを求めずにやるのがポイントですが、やっているうちに、ラッキーなことが増えてくるから、ますます気分がよくなって、ますますプチサービスが楽しくなっていきますよ。

Work 6

完全休養ＤＡＹを作る

お金ではなくて、「魂の歓び」を中心に据えるとき、ご主人様は魂で、お金が召使いになるという話をしました。

だけど、中には「自分の魂の歓びがなんなのか、よくわからない」という人もいると思います。

そういう人に共通すること……それは、**とっても疲れている**ということです。

自分の魂の望みではなく、人の期待に応えようと、やりたくないことを頑張りすぎてしまうと、とっても疲れてしまう。それに、人よりも繊細で傷つきやすい傾向もあったりするから、ストレスが蓄積してしまうんですよね。

その状態で焦って「魂の歓び」がなんなのか探そうとしても、探す元気なんて残っているわけがありません。

ということは、そういう人たちにとって**一番優先すべきことは、何よりも休養を取ること**なんです。


本当は、その「やりたくないこと」をやめるのが一番ですが、それ以前に、とにかく思いっきりお休みする日を作ることをおススメします。

起きる時間も自由。ず〜〜っと寝ていたければ、その日は寝ていたっていい。ご飯も作りたくなければ、デリバリーを使ってもいいし、外食してもいい。

やりたくないことは一切しない。何かをやりたくなったらやる。そういう自分をグータラだって叱ったりしない。今日は自分の好きにさせて、とにかく休むことが一番の目的なんだから、それでいいんだって言い聞かせ、好きにさせる。

入院しているときに、「いつまで寝てるんだ」って怒られることなんてないですよね。むしろ起きてトイレ掃除なんか始めた日には、看護師さんがやってきて、

「ダメじゃないですか！　寝てなきゃ」って怒られます。

休むっていうのは、そういうこと。

だから、とにかくゆっくりしていいのです。

たっぷり休めば、心が少しずつ元気を取り戻し、たとえば「お花を飾りたい」というような小さな「やりたいこと」が浮かんできたりします。そうしたら、その小さな願いをすぐに叶えてあげるのです。

その延長線上で、何が「魂の歓び」なのかにも気づけるようになっていきます。

Chapter

4

目標にとらわれなければ、想像以上の幸運が

——ときには「勇気ある撤退」が開運につながる

あらゆる可能性にいつも心を開いておく

学校、家庭、職場……子どもの頃から大人になるまで、様々な場面で「目標」を立てることを求められてきたと思います。

ここでちょっと、目標との付き合い方を見直してみましょう。

ここで言いたいのは、「目標がいけないものだ」ということではありません。目標を立てたほうが、ものごとがスムーズにうまくいく場合だってありますよね。そういうときは、どうぞ目標を作ってください。

たとえばエベレストの登山隊だったら、登頂するまでに、一日にどこまで登り、どこでキャンプをするか、綿密に目標を定めると思います。

しかし、たとえ登頂することが悲願だったとしても、頂上目前で天候が悪化したら、登山隊は「勇気ある撤退」をしたほうがいい場合があります。

つまり、**目標は、あくまでも目安である**ということ。そういうスタンスでいるほうが、**あらゆる可能性に対して開かれた状態**になるのです。

目標に縛られると、エベレストの登山隊にたとえれば、「無理して登頂し、全員遭難」という結果にもなりかねません。

「目標をなんとしても達成しなければ……」と力むと、緊張感が強くなり、エネルギーが収縮します。エネルギーが収縮すると、幸運を受け取る間口もキューッと閉まってしまうから、目標達成どころか、かえってうまくいかなくなってしまうのです。

ですが、「自分がどちらに向かって進むのか」は、きちんとわかっていたほうがいいと思います。方向性は定めて、「だいたいこっちの方向に進むことにして、目安としてこのくらいまで行ければいい」と決めておくのです。

そのくらいの〝ゆるさ〟があれば、**幸運を受け取る間口も広がるので、宇宙から、目標として想定していた以上の幸運も流れ込みやすく**なります。

それに、そのときの状況に応じて、方向転換もできるし、別の選択肢を選ぶ自由度も広がります。そう、**「臨機応変」**ということですね。

ふだんウォーキングもろくにしていないのに、いきなり「明日から毎日、1日3㎞走る！」というような目標を立てる人がいます。

私たちの頭は、子どもの頃からの習性で、「高い目標」を設定したがります。だけど、そんな無理な目標をいきなり設定すると、初日から挫折し、目標達成できない自分をすぐに責め始めてしまいます。そうなったら、人生は悪循環。

もし目標を定めるのだとしても、**「確実にクリアできる目標」を定め、「達成感を味わいながら」**徐々に高い目標にチャレンジしていくほうが確実です。

Point
目標はゆるく、あくまでも目安と考える

“宇宙とつながるナビ”は誰にでも備わっている

あなたは旅行に行くときに、事前にしっかり下調べをしてから行きますか？ それとも、まずは現地に行き、その場の思いつきで行動しますか？

せっかく旅行に行くのだから、名所を全部見て、名物料理は絶対に食べようと思う気持ちもよくわかります。

だけど、あまりにも欲張りすぎると、せっかく楽しみにしていたパワースポットの滝だって、人だかりの後ろからチラッと見ただけ。次の場所に行く時間が迫ってきて、とりあえず不満顔のまま記念写真……。

ガイドブックに載っている有名な店にランチに行ってみると、めちゃ混みで1時間待ち。やっとお店に入ったと思ったら、急いで食べて出ないといけない有様。

せっかく楽しみにしていた旅行なのに、無理やり計画通りに進めようとしたことで、いい思い出どころか疲れただけでおしまい……そんな経験をしたことはありませんか？

ガイドブックの情報も役に立つけれど、ガイドブックには載っていない素晴らしいものや面白いことも、実はたくさんあるのです。

いいことをお教えしましょう。

人間には、宇宙とつながっているナビが搭載されています。別名「カン」ともいいます。

「なんとなくこっちに行ったら面白そう♪」とピンとくるあれ、あなたも経験がありますよね？

宇宙は、あちこちにたくさんのサプライズを用意しています。

でも、あなたがあまりにビッチビチに計画を立ててしまうと、せっかく宇宙が仕込んだネタを受け取れずに終わってしまいます。

実は、計画を立てずに、白紙状態のまま、カンに従って行動してみると、ナビのアンテナがビンビンに立ちます。

そして、そんなカン任せの行動の先に、見たこともない美しい景色や、飛び切りおいしいお店との出会いがあったりするのです。

なんとなく「こっち」だと思った先に、未来のソウルメイトがいたりするかもしれませんよ♪

Point

カンに従うと、宇宙からのサプライズが受け取りやすくなる

「いつも通り」を抜け出すと見えてくる世界

カーナビの案内に対して「なんでこっちに案内するの？　あっちの道のほうが近いのに」とムッとすることってありませんか？

だけど、ナビの通りに進んでみたら、実はもっと近道だったり、あるいはもっといい景色だったりすることもありますよね。

多くの人は、「いつも通りのやり方が安全確実で、それ以外のものはよくない」と勘違いしています。

でもそれは、本当に「よくない」という確証があるわけではありません。

いつもと違うこと、新しいことをしたら失敗する可能性もあるので、潜在的にそのことを怖れて、今まで通りでいようとしているだけなのです。

そんなわけで、人は「いつも通り」を手放さなくなる。だけど、同じことばかり繰り返していると、エネルギーは収縮状態になってきます。

だってそうですよね？　新しいことを受け入れる間口が頑《かたく》なにふさがれているわけですから。ラッキーだって流れ込みにくくなります。

それだけではありません。同じことを繰り返していると、エネルギーを消耗しやすくなります。どんなにたくさんの書きやすいペンがあっても、特定の1本だけを使い続けていれば、インクがあっという間に消耗してしまうのと同じです。

つまり、「いつも通り」を繰り返すということは、必ずしも安全ではないのです。

実はこの**「いつも通り」の外側に、もっと面白くて、歓びと豊かさにあふれた別の世界への扉がある。**それは、使い古されて擦り切れたやり方を捨てて、新しいやり方に挑戦したときに開かれる扉なのです。

フィルムのカメラから、デジタルカメラに変わったときって、衝撃的でしたよね。もう現像のために写真屋さんに行かなくてもいい。自宅のパソコンに写真を取り込んで、好きなように加工してプリントアウトできる。デジタル写真立てに取り込めば、自動的にスライドショーもしてくれる。そして今では、スマートフォンがデジタルカメラの代わりになっています。

カメラの世界が、ずっとカンタンで、楽しみ方も多様になったように、いつも通りを超えた先には、今までとは比べものにならないほど、歓びと感動にあふれた世界が広がっている。

そんな扉は、あちこちにたくさん用意されているのです。

さて、あなたはどの「いつも通り」を超えてみますか？

Point

「新しいこと」にチャレンジするとエネルギーが刷新！

〝魂の感度〟を上げる「やりたいこと優先主義」

子どもの頃、「学校から帰って、真っ先にしたかったこと」って、なんですか？

まずはおやつ♪　という人も多かったのでは？

「今日のおやつはなんだろうなあ？」ってワクワクしながら戸棚を開けて、おやつを食べたら、すぐに友だちの家に遊びに行って……。

でも、お母さんに「先に宿題をやりなさい」って言われませんでしたか？

まあ、確かに「やるべきこと」を先にやっておくのは大事なことですが、どうも楽しくないんですよね。これって、大人になっても変わらない真実。

機械だったら、最初にAをやって、次はB、その次はCを1時間以内に処理……とインプットすれば、その通り文句も言わずにやってくれるのかもしれません。

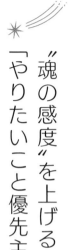

でも、**人間は機械じゃない。心ってものがある**んです。

疲れていたり、気分が乗らなかったりするのに、「まず洗たくものをたたんで、あそこの書類を整理して、宅配便を出して……」と機械的に優先順位をつけて、無理やり「やるべきこと」を遂行していると、とんでもなく気分が落ちてしまいます。

そういう日々を繰り返していると、どうなると思いますか？

その「やるべきこと」が嫌いになるだけではありません！

人生に疲れてくるんです!!

そして**「好きなこと」や「やりたいこと」をやること、それ自体をいけないことだと思い込むようになる。**何が「魂の歓び」か、わからなくなってしまうんですね。

全部が「やりたいこと」であれば、優先順位をつけることは機能すると思います。

だけど、どうも「本当はやる気が出ないけど、先にやるべきだ」という、「べき」によって優先順位が決められているところがあります。

その**「べき」ってやつが、人を疲れさせる**んですよね。

そんなときは、**「べき」の主張する優先順位ではなく、やりたいことから最初にやってみればいい**と思いませんか?

おやつを先に食べていいんです。大好きなマンガを読んでもいい。そして満ち足りた気分になったところで、「さて、やりますか」っておもむろに始めると……。なんということでしょう♪　あんなにやるのがイヤだったことが、サクサク進む。その上、気のせいか、楽しいような気さえする。

「やらなければいけないこと」があるのに気乗りしないときは、「やりたいこと」から始めたほうが、ずっと効率よくできる。

「やりたいこと優先主義」の生き方をしていると、**「やりたいことが何か、わからない」なんてことになりません。**そして、やりたいことへの感度も、どんどんよくなっていきます。

Point

「好きなこと」を先にやると、他のこともうまくいく

Work 7 いつもと違うことをやってみる

人間は放っておくと、どうしても「いつも通り」にやりたがるもの。だからあえて意識的にそれを壊してみましょう。

たとえば、会社へ行く交通手段を変えてみる。いつも電車で行っているなら、バスで行ってみる。あるいは距離的に無理がないなら自転車に変えてみるのもいいですね。

別な交通手段を取ってみると、全然違う景色が見えてきます。多少時間がかかったとしても、エネルギー的には刷新されるのです。**錆《さび》が落とされる**ような、そんなイメージです。

この「**エネルギーの刷新度合い**」**が大事**。どうすれば、より大きくエネルギーが刷新されるかというと、**自分にとって「リスクのあることをやればやるほどいい」**のです。

ものすごく人見知りで、知らない人に話しかけるのが苦手だったら、わざと知らない土地に行って、道を人に聞いてみてください。

そのときに、ただ道のことだけを聞くのではなくて、その土地でおいしいものとか、おススメの場所とか、もうちょっと話をしてみましょう。すっごくドギマギするかもしれませんね。

だけど、やってみると気づきます。「別に人を恐がる必要もなかったな」って。「なんだ、自分。人見知りじゃないじゃないか！　できるじゃん♪」って気づいたら、人見知りを克服していたりするのです。

こんなふうに、自分にとって「できるかなあ……でもやってみよう！」と、勇気を持ってやればやるほど、エネルギーが入れ替わります。それは、今ある建物を壊して、もっと大きな高層ビルにリニューアルするための土台が形成されていくようなイージです。

それに、ドギマギしながらもやっているうちに、だんだん楽しくなってきます。

「今度はどんな面白いことをしてやろう」とワクワクしてくる。

そうなったら、しめたもの。ますますあなたの幸せは更新され、さらに豊かで大きな幸せを受け取れるようになっていきます。

Chapter

5

「しっくりこない」ものは感謝して手放す

――「宇宙からのラッキー」を受け取るスペースを確保！

ものを選ぶときの絶対的基準

「自分」に自信が持てない人は、わかりやすいブランドのバッグや洋服を身につけることで、自分の価値を証明しようとすることがあります。服やバッグや時計だけではありません。インテリアや車だってそう。

「これを持っている＝自分はすごい」という図式を頭の中に作り出す、というわけです。これって、相手に軽んじられないよう、自分の身を守るためにやっている一**種の「武装」**なんですよ。

だけど、一番肝心な自尊心、自己肯定感は、全然上がっていません。

そうやってブランドものを握りしめた状態になればなるほど、「自分は存在しているだけで価値がある」という認識から遠ざかってしまうのです。

一番大事なことは、ものでごまかさないこと。

「どんな服を着ていようが、どんな靴を履いていようが、私は素晴らしい」と思っている人のほうがずっと輝いています。

この際、くだらない見栄《みえ》なんて捨ててしまいましょう。どんな自分でも愛することから始めてください。

そして、「存在しているだけで自分には価値がある」と認められるようになったら、今度は「本当にそのデザインや機能が好き」という基準でブランドのバッグや服、時計を使いこなせば、サマになってくる。

つまり、順序が逆だったんですよね♪

これからは、**何かものを選ぶなら、それが「好き」かどうかを基準に選ぶ。**

それが使いやすくて快適で、デザインが素敵だったりかわいかったりして、「好きだ～♪」と思えるかどうかで選ぶということ。

だいたい、**どんなハイブランドより、あなたというブランドのほうがずっと希少価値がある。**どんなことをしたって、あなたという「この世に唯一無二の存在」を作ることなんてできないのですから。

そのことに誇りを持って、あなたが主体的に選ぶ立場を取りましょう。

誰がなんと言おうとも、あなたの中の「好き」を中心に持ってくることです。

それに、好きなものに囲まれていると、それだけでテンションも上がり、宇宙からの幸運も、もっともっと受け取れるようになるのです。

だから**「好き」という気持ちは大事な基準。**それはあなたの根幹である「魂の歓び」でもあるのです。

Point

ものて武装していることに気づいたら、今すぐ解除！

「部屋のゆとり」＝「心のゆとり」

インテリアや雑貨、身につけるものをすべて自分の「好き」でそろえたとしても、人から何かをいただくこともありますよね。結婚式の引き出ものや抽選会の景品。誕生日プレゼントに、バレンタインデイやホワイトデイのプレゼント……。

好みに合わなければ、抽選会の景品くらいならフリマアプリに出したり、ほしい人に譲《ゆず》ったりしても、それほど気にならないと思います。

ですが、人からのプレゼントとなると、たとえ全然気に入らないものであったとしても、贈ってくれた相手の気持ちを思うと、なかなか手放せないこともあるでしょう。そうなると、クローゼットの奥に眠らせたままになってしまうことも。

だけどね、たとえ人からのプレゼントであっても、まったく好みでないものや、使いにくいものであるならば、人に譲るなどして手放したほうがいいのです。

たとえ、クローゼットの中にしまったことを忘れていても、**「使いもしないもの」が自分の大事な空間を占領しているストレス**は、どこかで感じているもの。そのストレスは、日に日に蓄積していきます。

自分の好きではないものが家の中にあると、だんだんイライラしてきます。

それは物理的なスペースを占領するばかりか、精神的なスペース、つまり**心のゆとりまで占領してしまう**のです。

プレゼントによっては、「私のことをもっと見て」とか「私のことを大事にして」という〝受け取りたくない念〟が付着していることもあります。

その場合、しまってあるだけで、その念を受け取っている状態にもなるのです。

それがあなたの周波数を下げ、宇宙からのラッキーというプレゼントが入る余地を奪っていきます。

もちろん、たとえ自分のセンスと合わないものだったとしても、大好きな人からのプレゼントで、それを見るたびにテンションが上がるなら、家の中に置いておいたほうがいい。でも、そうではないなら、やっぱり手放したほうがいいのです。

手放すときには、贈ってくれた人の愛まで捨てる必要はありません。
ただ、**感謝をもって手放せば、それで十分。**
「手放したら悪いかな」という罪悪感も、手放したほうがいいものの一つです。

Point

ものを手放すのに、罪悪感を抱く必要はない

「潔く捨てる」と部屋も心も浄化される

2章で、どんなに親しかった相手でも、一緒にいて楽しくないと感じるようになったのであれば、それは関係を手放すタイミングだというお話をしました。

それと同じように、そのときは好きで買ったものでも、時間が経つと「なんだか、しっくりこなくなる」こともあります。それどころか、部屋にあるだけで、「なんだかイヤな感じ」がしてくることもある。

もしそう感じるなら、あなたとそのものとのお付き合いは終了したということ。

そういうものは潔く捨てたほうがいいでしょう。


とにかく部屋の中に、**それを見るだけでイヤな気分になるものは、あなたの周波**

数を下げるから、ないほうがいいのです。

ゴミだって、いっぱい溜まっている状態を見るだけで、イヤな気分になりますよね。だからこまめに捨てたほうが、周波数も高めに安定します。

窓の汚れだってそう。埃《ほこり》だらけで曇っている窓を見て、どう感じますか？

あまり気にしていない人もいるかもしれないけれど、**ピカピカでクリアな窓だと、光がたくさん入ってきて、それだけで部屋のエネルギーが浄化され、自動的に周波数も上がります**。曇った窓は、それだけで運気を下げるともいえるのです。

トイレの便器はどう？　汚い黒ズミのリングがついているのを目にすれば、やっぱり気分がよくないはず。

「見て見ぬふり」をしているかもしれないけれど、**周波数はごまかせません**。

イヤな感じがするなら、さっさと掃除してしまいましょう。汚れがこびりつくまで放置するから面倒になるだけ。毎日ササッと掃除していれば、いつも気分よく使えます。

トイレやキッチンのシンク、バスルームなどの排水口は、汚れたものが出ていく場所。そういう場所がいつもキレイであることは、家全体の氣《き》の流れをよくします。それらがいつもキレイな状態だと、体も健康になるし、氣の循環がよくなるからこそ、お金も入ってきやすくなる。

決してあなどれないポイントなのです。

Point

見て見ぬふりをせず、さっさと浄化！

「情報」に頭の中を占拠されない

宇宙からのミラクルを受け取るためには、「しっくりこないもの」を手放して物理的なスペースを空けるだけでなく、頭の中にもスペースを空ける必要があります。

頭の中のスペースを占拠しているもの――それは「情報」です。

「情報過多」と言われる今の時代。SNSやネット、テレビなどを見ていると、知りたい情報だけでなく、知りたくない情報、知らなくてもいい情報までどんどん流れてきます。

「これが今のトレンドだ」と言われると、人は、「乗り遅れちゃいけない！」と焦って、必死に追い付こうとします。

自分の「好き」を無視してトレンドに振り回されてしまうとどうなるでしょう。

本当に好きなもの、つまり「魂の歓び」を見失うことになってしまいます。頭の中が余計な情報でいっぱいになり、ミラクルを受け取るスペースがなくなってしまうのです。

トレンドの真逆を行っていようと、たまたま「好きなもの」がトレンドと合致していようと、どっちだってあなたは最高に素敵で、魅力的。

あくまでも「主体は自分」なんですよ。

健康情報だってそうです。

「納豆が体にいい」と話題になると、スーパーで納豆が売り切れになっていたりしますよね。

でも、「納豆を食べさえすればいい」というわけではないし、情報をすべて鵜呑《うの》みにすれば、ありとあらゆる健康食品を食べなければいけなくなる……。

そんなことをしなくても、自分の体に必要なものは、自分がちゃんと知っています。

犬は、胃腸の調子が悪いとき、誰に教わったわけでもないのに、胃に効く草を食べたりします。それと同じように、**人間の体にも、自分の体を健康な状態に保つ機能がしっかり備わっている**のです。

たとえば風邪をひいて高熱が出たとき。熱は体内に侵入したウイルスを壊滅させるために出ているだけで、正常な浄化反応です。

熱を出すだけ出してしまえば、クスリを飲むよりもあっさり復調したりします。熱が下がるまでジッと安静にしていたほうがいいのか、それともクスリに頼ったほうがいいのか、体がちゃんと知っています。

体は神秘なる命の神殿であり、叡智《えいち》の宝庫です。情報を鵜呑みにする前に、自分の体に聞いてみればいいということ。

これまでずっと、体の声を無視し続けていたなら、最初は体に聞いてもその声をキャッチできないかもしれません。

それでも「まず体に聞いてみる」ことを繰り返しているうちに、だんだんと体が何を望んでいるのかがわかるようになります。

何を選択すればいいのか、答えは自分自身の中にあります。
次々と流れてくる情報に「支配」されるのではなく、自分に本当にフィットする情報だけを「選別」して、取り入れるに限ります。

Point

取り入れる情報は、自分自身が取捨選択する

宇宙とつながるワーク

Work 8

イヤな感じのするものを3つ捨てる

理屈を頭で理解するより、とにかく実践してみることが大切!

部屋の中を見回して、**なんだかイヤ〜な感じがするものを最低3つ捨ててみましょう。**ゴミが溜まっているのを見てイヤな感じがしたなら、ゴミをまとめて捨ててもいいでしょう。

それから、テーブルの上を見回してみてください。

別になくてもいいものなのに、スペースを占領しているものってありませんか?

それがテーブルの上にあるのを見て、どんな気分?　もし、イヤな感じがするなら、それも捨てていいというサインです。

そういう小さなものだったら、すぐに捨てられるかもしれません。でも、実はそのテーブル自体が使いづらくて、デザインも好きではないし、本当は毎日そのテーブルを使うたびにストレスを感じていた……というなら、そのテーブルを手放してしまいましょう。

もちろん、粗大ごみをすぐに出すことはできないかもしれないから、そんなときは、収集の申し込みをして、いつ捨てるかを明確に決めるだけでもいい。

実際に捨ててみると、思いのほか気分が爽快になります。**心の重荷を下ろしたような解放感**を覚えるはず。そうなると、捨てる弾《はず》みもついてくるものです。

たとえば引き出しを開けたときに、目に入ったものに対してイヤな感じがしたり、使わないのに取ってあると気づいたりしたなら、すぐに捨てられるようになってくるでしょう。

そして、そういうものを**捨てれば捨てるほど、エネルギーが戻ってきて、気分も明るくなり、当然、周波数も上がります。**

すると当然、運気もよくなるのです。

Work 9

日常使いのものほど「大好きなもの」に

イヤな感じのするものを捨てたら、今度は「好きなもの」を増やしていきましょう。

それも、できれば**日常的に使うものを大好きなものにすると、とても効果的。**

たとえば、お風呂から上がったときにいつも使っているバスタオル。それをとっても柔らかで肌触りがよくて、デザインも好きなものに替えてみる。すると毎日そのバスタオルで体をふくだけで、とっても幸せな気持ちになる。

それからパジャマ。これもすごく大事です。

パジャマって寝ている間、ずっと身につけているものですよね。睡眠時間が6時間だったとしたら、一日のうちの4分の1を占めるもの。そんなにも長い時間、体に触れているものです。

「パジャマなんて、誰かに見せるためのものでもなし、高校時代に着ていた擦り切れたジャージでいいんだ」という人もいるかもしれません。

でも、誰が見ていようといまいと、やっぱり着心地がよくて、デザインも色も好きで、肌触りのいいパジャマだったら、一日の4分の1もの時間を気分よく過ごせるということになるから、周波数も相当上がります。それに、いい夢だって見られるようになるはずです。

気に入ったものの値段が、多少高かったとしても、こういうものにこそお金をかけるべきだと思います。

日常的に長く身につけるものや、しょっちゅう使うものこそ、好きなもので、使いやすくて、納得のできるものを使う。毎日使うものだからこそ、使うたびにテンションが上がる。これはポイント大きいですよ〜〜〜♪

しょっちゅう気分がよくなるから、それがあなたの周波数を「高め安定」にしてくれる。そうなると、ますます宇宙からの幸運も流れ込んでくるようになります。

さて、あなたは何を買い替えますか？

今度のお休みにゆっくり時間をかけて探してみてください。お気に入りのものを探すのは、きっととっても楽しいはずです♪

Chapter 6

今の自分で、すべては完璧☆

――あなたには「あなただけの魅力」が満載！

緊急告知！
あなたは「宇宙の最高傑作」なのです

自分を変えようと思ったこと、ありますか？

もっと明るくならないと。
もっと会話上手にならないと。
もっとスタイルをよくしないと。
もっとお金持ちにならないと。
もっと仕事をバリバリこなさないと。

……「自分を変えなきゃ」と思っているときの気分って、どうですか？

なんだかプレッシャーをかけられているみたいで、しんどいですよね。

どうして自分を変えなきゃと思ったのかというと、「そのほうが愛される」と考えたからですよね。

誰かと自分を比べて、「自分はここがよくない」「ここを直さなきゃ」と思ったのではないでしょうか。あるいは、人から指摘されたか。

どちらにしても、「自分のここがよくない」と思っているときは苦しくなりますよね。それはそうです。「お前は出来損《できそこ》ないだ」「魅力ないぞ」「何やってるんだ、バカ!」って自分に言っているのも同然なわけですから。

はっきり言います。

自分を無理に変えようとする必要なんて、ありません!

「こんなふうになりたい」というのが、1章で話した「大きな夢」である分には、いくらでも夢みていいんです。

ただ、「自分がその理想像通りにならない限りダメだ」という図式になっているなら、話は違ってきます。

自分にダメ出しをし続けるくらいなら、**理想なんて手放してしまったほうがいい。**高い理想像にこだわっている状態は、現状の自分に対する強烈な自己否定を伴うからです。

宇宙は、あなたを「宇宙の最高傑作の一つ」として創造しました。

その最高傑作をわざわざ変える必要なんてないのです。

むしろ、**その個性を大切にすれば、あなたの持っている「無限の力」がどんどん引き出され、あなた本来の魅力が輝き出します。**

Point

あなたがあなたであることが、最高のアドバンテージ

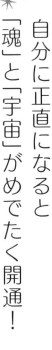

自分に正直になると「魂」と「宇宙」がめでたく開通！

「せっかく食事に誘われたけど、今日はどうも行く気分じゃないんだよな。このところ忙しかったから、家でゆっくりしたい。だけど断ったら、なんて言われるだろう……」

「今までまじめに事務の仕事をしてきたけど、本当は全然、この仕事が好きじゃない。私は歌が歌いたい。歌手になりたいんだ。だけど、そんなこと言ったら、親が心配するし、反対されるに決まってる」

さて、質問です。

あなたはこれまでの人生で、「人になんて言われるか」を気にして、本当に言いたいことを言わなかったことや、本当にやりたいことをやらなかったことが一体何度あったでしょう？

そうやって自分に正直になれなかったがために、どれだけエネルギーを消耗してきたことか……。


自分に正直になってみると、きっとわかるはずです。

「魂」と「宇宙」が真っ直ぐにつながると、宇宙からびっくりするほどエネルギーが流れ込みやすくなるということが!!

放っておいても体が動き、やりたいことをどこまでも疲れ知らずにできるようになり、もちろん気分も上々。アイディアだってどんどん湧いてくるし、カンも冴《さ》えわたる。いいことずくめになります。

それに、あなたのことをとやかく言う連中はあなたと同じ周波数帯にはいられなくなるから、自動的に離れていきます。代わりに、あなたと気が合い、互いに触発し合える仲間が増えてくる。

「人にどう思われるか」で自分の人生を決めなくていいのです。

あなたがあなたらしく、自分に正直に、魂に従って生きることは何も間違っていない。

人がどう思おうが、どうとでも思わせておけばいいんですよ。そういうことは相手の自由にさせればいい。

そんなことより、

「あなたがどう思っているか」

「あなたの魂が何を望んでいるのか」

そっちのほうに意識をグッと集中させてください。

Point

「人にどう思われるか」でエネルギーを消耗しない

欠点は「持ち味」であり「強み」でもある

人にちょっと何か言われただけで気にしてしまう「繊細なところ」をイヤだなと思ってしまう。

相手が何を言いたいのかを察することができない「鈍感な自分」に、ほとほと嫌気がさす。

多くの人が、自分の「欠点」や「短所」に悩んでいます。

でも、欠点って、いったいなんでしょう?

「直さないといけないところ」という意味でしょうか?

そうだとしたら、この章の最初にお話ししましたよね。自分を変えようとすると、かえって葛藤を招き、そもそも持っている魅力も才能も出せなくなってくるって。

変える必要がないどころか、活かせばいいんですよ、その個性を。

「いろいろなことが気になってしまう繊細な人」は、人の気持ちに寄り添える人、相手の気持ちがわかる人ということ。その繊細さを活かして、人のニーズを細やかに汲《く》み取ったサービスを提供できる達人になれる。カウンセラーやセラピストのような「心に寄り添う仕事」も向いているでしょう。

逆に、「自分はホントに鈍感だ」と思っている人は、余計なことを気にせずに、思うままに進んでいける人だということ。だったら、その「鈍感力」を活かして、やりたいことにどんどん挑戦して、どんどん経験値を積んで、人に勇気と力を与えればいいのです。

こんなふうに、自分の個性を「欠点」と思わずに、「**持ち味**」であり「**強み**」だというとらえ方をすればいいのです。

そして、**その持ち味を、人を歓ばせたり、快適にしたり、癒やしたり、力を与えたりする方向に使えばいい。**

そういう視点で、もう一度自分の個性を見直してみましょう。

自分には、たくさんの宝物があるということに気づくはずですよ。

この世界で「幸せな成功者」として活躍している人は、みんなその秘密に気づいている人。そして、ありのままの自分をうまく活かしている人です。

Point

「幸せな成功者」は個性を活かすのがうまい

「必要なときに、必要な力を引き出す」マインドセット

もう一つ、大事なことをお話しします。

あなたは宇宙によって創造された、宇宙の最高傑作……ということは、あなたにはそもそも**無限の力がある**のです。

何も足りなくないし、どこもおかしくない。これが真実です。

あなたは、自分が「挑戦したい！」と思ったことは、なんでもできるだけの力を持っています。ふとした瞬間に降りてくる直感に従うことで、人生を切り拓《ひら》いていけるのです。

その力を出すために必要なこと。それは、

「私は必要なものはすべて持っている」

という自己認識を持つことです。

このマインドセットがあれば、必要なときに、必要な力が無限の宇宙からあなたに向かって流れ込んでくるようになります。

できないと思っていたことだって、習いもしないのに、できるようになったりするのです。

人前で緊張して話せなかった人が、堂々と楽しそうに講演できるようになったり、一つのことを長く続けられなかったのに、好きなことが見つかってそれを飽きずに続けられるようになったり……。

あなたには、あなたの想像をはるかに超える、大きな、そしてたくさんの能力があるのです。

もちろんトレーニングすることで、何かをマスターしたり、熟達したりすることもあるでしょう。だけど、何か特別な訓練をしなくても、「私は必要なものはすべて持っている」と確信していれば、いくらでもその力を発揮することはできるのです。

だから、「自分はこの程度のものだ」とか「自分には大した取《と》り柄《え》もない」などと自分を侮《あなど》ってはいけません。

どんなときも自分を愛し、信じ、敬意を払うに限ります。

あなたは、まだまだ、まだまだ開かれる。
想像を超える「無限の力」の持ち主なのです。

Point

「やりたい！」を叶える力は、自分の中にある

Work 10 「ありのままで完全」の回路をつなげる

あなたが「ありのままで素晴らしい」ということを、何度もお伝えしてきました。

もしかしたら、「耳にタコができてしまうかも？」と思います。けれど、大事なことは何度でも言います。

でも、私から言われるより、あなた自身が自分にそうであることを言い聞かせ、自分の心に浸透させてほしいのです。そのためのおススメの方法をご紹介します。


それは少しも難しいことではありません。たった3秒でできることです。

毎朝起きたときと、夜ベッドに入って寝る前に、胸の中央に両手を重ねておいて、目を閉じたまま、

「私はありのままで完全です」

と言うのです。

「ええええ？　そんな程度のことで、自分がそもそも完全だなんて思えるようになるの？」と思いましたか？

朝起きたときと、寝る前というのは、「顕在意識」が「潜在意識」にアクセスしやすい状態にあります。このタイミングで、心を込めてこの言葉を唱えれば、意識の奥深くにとっても浸透しやすいのです。

それに、もっと言うと、あなたがそもそも「ありのままで完全」だというのは本当のこと。

「本当のこと」だからこそ、繰り返しているうちにすんなり思い出せるのです。毎日の習慣にしているうちに「自分なんてどうせ大した取り柄もない」という方向に反応する回路が絶たれて、**「ありのままで完全」の回路がつながって、どんどん太くなっていきます。**

これは、寝る前と、朝起きたときに限らず、いつやってもＯＫです。トイレに行くたびにやったっていいし、一日の仕事を始める前にやってもいいし、自分のことを否定しそうになるときにやってもいい。

気楽に楽しくやってみてください。

Chapter 7

すんなり諦めると、もっと「いいこと」に出会える

――こだわりすぎない、ガッカリしすぎない

「スムーズにいかない」とき、宇宙があなたに伝えていること

何かにこだわる、というのがいつでもよくないこと、というわけではありません。

たとえば、あなたが味にこだわる頑固一徹のラーメン店主のように、何か一つのことに打ち込んでいるのであれば、「それはそれで美しい」と言っておきましょう。

でも、夜の22時に、どうしてもシュークリームが食べたくて、近所のコンビニに行ったけど売り切れ。その次に近いコンビニでも売り切れ、それでも「ぜったいに食べたい」って、頑固に車で15分もかけて隣町のコンビニまで行ってもないのなら……。

それは**「やめておけ」っていう宇宙からのサイン**ですからね。

そこを頑固にしつこく食い下がらないでくださいね。

生きていると、思い通りにならないことってあるものです。

そういうとき、誰もがくやしい気持ちになったり、ガッカリしたりします。

そして、そんな自分のことを「運がないなあ」とか、「日ごろの行ないが悪いからかもなあ」と思ったりする。

はっきり言っておきますが、**宇宙はあなたにバチを当てるようなことはしません。**

「なんだよ、宇宙！　今日は大根の特売日だったのに、もう売り切れ？　一体どうなってるんだ！」

と、文句を言ったからといって、

「なんて失礼なやつだ！　夜中にシュークリームを食べたくなったときに売り切れにしてやるから、覚えてろよ」

というようなことはしないのです。


宇宙は、あなたがどういう態度であろうと、あなたを幸せに導いています。

あなたが望んでいることが、あなたにとってベストか、ベストではないか、宇宙はすべて知っています。「ベストではない」と判断すれば、たとえアンラッキーに思えるような状況でも、宇宙はあえて作り出すのです。

つまり、何かがうまくいかないときは、様々な要因があるけれど、**必ずしも悪いこととは限らない**ということ。

これまで思い通りにいかなかったこと、たくさんありましたよね。

受験で志望校に合格できなかったのも、希望の部署への配属が叶わなかったのも、そのほうがいいから、あるいはもっといいものが別なところにあるから、宇宙がそっちに向かうように仕向けていることも多いのです。

そして、その先に、思いもよらない出会いやチャンスが待っていたりするのです。だから勝手にガッカリしたり、日頃の行ないを反省したりする必要はありません。

Point

〝その先〟に思いもよらないチャンスが待っている

あなたが「やらなくていい仕事」って？

「あ～あ、コールセンターで毎日クレーム対応するパートなんて、どう考えても向いてないよなあ。理不尽に怒りをぶつけられて、自分自身が怒られているみたいな気持ちになる。でも、このくらい時給が高いパートって、なかなか見つけられないし、仕方ないよね。はあ、ゆううつだなあ……」

はいはい、そういうのは「やらなくていい仕事」ですよ。

3章でもお伝えしましたが、「お金のために働く」っていう方式で仕事選びをすると、お金に振り回されるという話を覚えていますか？

そういう意味でも、「時給が高いから」という理由だけで仕事を選ばないほうがいいのです。

それだけではありません。やっていて面白くないと感じることは、「あなたには向いていませんよ」というサイン。そして、裏を返せば「他にもっと活かせる才能を持っているよ」というサインでもあるのです。

「サインも何も、そんなこと言われなくてもわかってるよ」と思うかもしれませんが、多くの人が、楽しくないことでも我慢して続けようとしてしまいますよね。

その最《さい》たるものが、生活のためにやっている「仕事」であることも少なくありません。

やっていて「楽しい!」と思えることが、あなたに向いていることであり、あなたの才能を活かせることであり、あなたの能力を引き出すことでもあります。

そして、心から楽しいと思える仕事に就《つ》いて、あなたの能力をフルに発揮すれば、あなたの生み出したものは価値あるものになります。だから人を歓ばせることになるし、人を歓ばせるからこそ、お金も流れ込んでくるようになる。
こっちの流れに乗ったほうが自分だけでなく、人も幸せにするのです。

だから、「ゆううつな気持ちになる」とか「やっていて面白くない」、そんな仕事を無理に続ける必要なんてありません。それは、あなたの周波数を下げ、幸運を受け取れない状態にしてしまいます。

それだけでなく、あなたの周りにいる人も幸せから遠ざけてしまいます。

あなたはそもそも、ありのままで完全で、必要なものはすべて持っています。

そんなあなたに**「ぴったりの仕事」を宇宙はちゃんと用意している**のです。素直にそっちに向かって進めばいいだけですよ。

Point

「楽しい！」の流れに乗っていこう

感じの悪い人は、あえて悪役を演じている!?

新しくできたクリーニング店に、お気に入りのシルクのワンピースを出そうとしたら、そこのお店で、

「あのねぇ、うちはシルク専用のクリーニングなんてやってないのよ。だから生地が傷まないっていう保証はできないわよ。それでもいいって言うんなら、洗ってあげるけど、どうする？」

と言われたとします。ドライクリーニングで洗えるってワンピースの洗濯表示にも書いてあるから持ってきたのに、なんて感じの悪い言い方をするんだ！

こんなことがあった場合はね、「ここで洗っちゃダメだよ」というサインです。

こんなぞんざいな言い方をする人は意地が悪く思えるかもしれませんが、実はそうではありません。

本人は無意識にやっているのですが、「他の店に行ったほうがいいよ」と伝えるために、**あえて悪役を演じている**だけなのです。

そして、別のクリーニング店に行ってみると、全然対応が違ったりするのです。

ワンピースを触っただけで、

「こちらシルクですね。それでは、シルク専用のドライクリーニングをさせていただきます。ええと、こちらとこちらに、ちょっとシミがありますね。シミ抜きも一緒にさせていただきますね」

と、一枚も二枚も上手《うわて》の対応をされることになるのです。

「本当にシルク専用のドライクリーニングがあったんだ。あのまま、さっきの店で仕方なくクリーニングしてもらっていたら、生地を傷めることになっていたかもしれないなあ」と気づくことになる。

感じの悪い店だなあと思うときは、**「もっと他にいい店がある」というサインか、あるいは「今は買わなくていい」というサイン**のどちらか。

無理してそこで食事をしたり、買いものをしたりしなくてもいいのです。

その店にこだわったり、ゴリ押ししようとしたりせず、うまくいかないならさっさと撤退する。

そして、宇宙が用意している、もっといい店に行きましょう。

Point

「ゴリ押し」するより「さっさと撤退」で運気上昇！

「もっと他にいい人がいる」というスタンスが大事

「婚活を始めて1年。やっと私にも理想の人が現われたと思ったのに、他に好きな人ができたって……。やっぱり私には魅力がないんだ。もう、一生独りでいるしかないのかな」

そして食事も喉《のど》を通らなくなり、浮かない顔をしていたら、そんなあなたを見て、「おい、元気出せよ。一緒にカラオケにでも行って、思いっきり歌でも歌えば憂さ晴らしできるぞ」

って、幼馴染《おさなな》み《じ》のイチロウが誘ってくれた。

全然顔もタイプじゃない。性格もあの人みたいにスマートじゃなくて、ちょっと無神経。服もいつもジャージだし、ほとんど異性だと思ったこともない。

だけど、わざと笑わせようとおかしな歌ばかり入れて、それでも笑わない私を見て、

「じゃあ泣けよ、泣ける歌を歌って思いっきり泣けば、スッキリするぜ」

って一緒に泣ける歌を歌って泣いてくれた。

今までノーマークのイチロウが、実は一緒にいて一番幸せになれる人なのかもしれないって考えがふとよぎる。

そして、そこから二人はどんどん距離が接近し、気づいたらどちらからともなく結婚を意識するようになり、幸せになりましたとさ。


「妄想劇場」にお付き合いくださって、ありがとうございました♪

これはフィクションですが、あながちあり得ない話でもありません。とっても好きで、その気持ちを正直に伝えても、それでも結ばれないなら、ただ単に「もっと他にいい人がいるよ」ってサインですから。

それを「自分のここがいけなかったからダメだったんだ」って方向に意識を向け

ると、**本当にそのことを克服しない限り、ご縁がつながらない状態を現実化してしまう。**

あなたには、「ありのままのあなた」にぴったりの人がちゃんといるんです。

人によっては、今生《こんじょう》は誰かと結婚するのではなく、「人生のすべてをささげる何かと結婚する」というシナリオの人もいるかもしれません。

いずれにしても、誰かと結ばれなくても、それがイコール人生の終わりではありませんから。もっと素晴らしい人や素晴らしいことが待っているというだけのことも多いのです。

うまくいかないことがあっても、好きな人に振り向いてもらえなくても、そのことに執着しないで、さっさと方向転換する。

そんなとき、自分に言葉をかけてあげてください。

「大丈夫！　もっといいことが待っている」

って。このひと言で、**方向転換が楽になるし、落ち込んでいるエネルギーの方向が上向きに変わります。**

エネルギーを上向きにすれば、宇宙が用意しているもっといいこと、もっと素敵な人との出会いが起こりやすくなっていきますよ。

だから、その言葉を胸に刻むように、しっかり唱えてみるといいですね。

Point

サインを素直に受け取って、次に進むに限る！

挫折は「別の道を選んでみたら？」のサイン

「一生懸命、書道をやってきて、展覧会で賞も取れるようになり、自分でも腕に自信が持てるようになってきた。先生もだいぶご高齢だし、誰かにこの教室を任せたいって言ってたなあ。フフッ、きっと自分にお声がかかるんじゃないかなあ♪」

こんなふうに期待していたら、なんと自分よりも経験が浅くて、実力的にもどうなんだろうっていう後輩が後継者として選ばれた。

「自分はこんなに一生懸命やってきたし、実力だってあるのに、どうして先生は私を選んでくれないんだろう。もう書道なんてやめてやる！」

こんなふうにやけくそになったけれど、もう一回思い直して、これを機に独立し、自分で教室を始めることにした。

自分の書道教室は、ただ字をうまく書くというだけではなくて、一人ひとりの個性を活かしてノビノビ楽しく字を書くことに向き合ってほしい。ここに来る子どもたちが、お互いのよさを発見し、励まし合う場にもしたい。夏には書道キャンプなんかもやったら面白いかも……。なんだ、どんどん構想が湧いてくるじゃないか。この教室はきっと、はやるぞ♪

そんなことを考えていたら元気が湧いてきて、実際に教室を始めたら、やっぱり大盛況♪　たくさんの子どもたちが笑顔になりましたとさ。

またまた「妄想劇場」にお付き合いくださって、ありがとうございました。

これもフィクションですが、本当にこういうことってあるものです。

人生では、自分が期待した通りの結果にならず、挫折感を味わうこともあるでしょう。認めてほしいと思った人に、認めてもらえないこともあるでしょう。

でもね、そういうときは、**もっと別な方法があるし、別な道に進んだほうがうまくいくよというサイン**なのです。

書道教室の例でいうと、先生の後継者になっていたら、生徒集めをする必要はなかったかもしれないけれど、自分の思い通りに運営することはできなかったかもしれません。それより思い切って独立して、本当に自分の納得できるやり方に挑戦したほうがうまくいくこともあるのです。

だから、ちょっと思い通りにいかないことがあったとしても、「自分は失敗した」っていう烙印《らくいん》を押さないでくださいね。

「もっと別な方法、別な道を選んだら、うまくいくかもよ？　そっちの道を進んでみたら？」というサインだと理解しましょう。

ただし、ここで一応、念のため言っておきます。

ここまで紹介してきたことは、基本的にあるがままの自分を認める**「自己受容」ができている前提**での話です。

「自分なんて、どうせ何をやったってダメだ」

「自分のような人間が人に愛されるわけがない」

「自分は大事にされるような人間じゃない」

もし、こういう自己認識になっていたら、起こる出来事は、宇宙からのサインとは違うものです。

もし、ダメ出しばかりされたり、頑張っているのにまったく報われなかったり、あまりにひどい状況が続くなら、自分の自己認識をチェックしてみてください。

まず、どんな自分であっても、あなた自身が愛し、認め、許すこと。

そのやり方に関しては、宇宙とつながるワーク10「『ありのままで完全』の回路をつなげる」で紹介した通りです。

このワークを続けているうちに「自己受容」が浸透してきて、ラクに道が開けるようになり、協力してくれる人が増えてきます。それでも壁が立ちはだかるときは、別な方向に進んだほうがいいというサインです。

Point

サインを受け取るためにも「自己受容」をしっかりと

宇宙とつながるワーク

Work 11

自己受容の「現在地」を知る

お伝えしたように、「自己受容」がどこまで進んでいるかによって、現実の世界も変わってきます。ある程度「ありのままの自分」を愛し、受け入れているなら、ツキに見放されるようなことにはなりません。

そこで、自己受容ができるようになると、どんな現象が起こってくるのか、例を挙げてみます。自分の自己受容度がどの程度なのか、**現在地を確認**する目安にしてみてください。

□どこに行っても、たいてい親切な人に会う
□落ち込んでいても、励ましてくれる人や言葉、場所と不思議とつながる

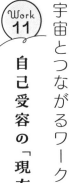

□家族との関係がよくなった
□クジ運がよくなって、いろいろなものがよく当たる
□晴れてほしいときには晴れることが多い
□急いでいるときは、信号が青になる
□混んでいるのに、ちゃんと席が空く
□ほしいと思ったものを人からもらう
□知りたい情報は探さなくても、たまたま目にしたものから入ってくる
□会いたいと思った人と会える
□助けてほしいときは、誰かが手を差し伸べてくれる
□一人で頑張っていたのでは、到底起こりえないようなチャンスが巡ってくる
□有力者や著名人に頼みもしないのに応援される
□睡眠時間が多少短くても元気でいられる
□病気の治りが早い
□決断が早くなった

□直感が冴えている
□住みたい場所や家に住めるようになった
□今までは苦手だと思っていたことが、なぜかできるようになった
□人に何か言われても、あまり気にならない
□相手の話をちゃんと聞くようになった
□自分と価値観の違う人に、自分の価値観を押し付けなくなった
□人にうるさく口出ししなくなった
□一人でいる時間も楽しめる
□やりたくないことは、ちゃんと断れるようになった
□人の目がそれほど気にならなくなった
□どうにかしなければと思うより、どうにかなるだろうと思えるようになった
□なんだかわからないけど、自分は守られていると思える
□根拠はないけど、自分はすごいと思える
□生きているだけで楽しい

□自然をこれまで以上に美しく感じる

……ここに挙げたのは、ほんの一例ですが、どのくらい思い当たりましたか？

半分くらい当てはまっているなら、十分です。

全然当てはまらないなら、宇宙とつながるワーク10の「『ありのままで完全』の回路をつなげる」はもちろん、ワーク5の「プチサービスをする」もすごく効果的です。

誰かに親切にすることで、巡り巡ってあなたも人から優しくされるようになります。

そうなると、自然にうれしい気持ちになって周波数も上がり、自己受容も進みやすいのです。

Chapter 8

思い切って「やりたくないこと」をやめる

——そのガマン、本当に必要ですか？

「人の期待」に応えようとするのも、ほどほどに

子どもの頃の自分をちょっと思い出してみてください。

体育館みたいな広いところに行くと、なんだか興奮してきて、勝手に走り出したりしませんでしたか？

スーパーに行くと、カートを動かすのが面白くて、ダメだって怒られても、弟や妹を乗せて運ぼうとしたりしませんでしたか？

人間って、そもそも「自分のやりたいことはなんだろう？」なんて考えなくても、ひとりでに体が動いてしまうもの。子どもの頃は、たぶんほとんどの人が、やりたいことを探す必要なんてなかったし、やりたいことだらけだったでしょう。

ところが、そのやりたいことを自由にやろうとすると、たいてい大人に怒られる。

人の迷惑になるとか、うるさいとか……。

確かに人間社会で生きていくためには、周りの人のことを考える必要もあるでしょう。だけど、**何をすることが幸せかなんて、本当は本人にしかわからない**のに、それさえも大人から押し付けられたりする。

「マンガなんて描いているよりも、勉強しろ」

と言われて、大好きなマンガを描くのをやめてしまう。

「とにかく大学に入って、一流企業に入るか公務員になれば安泰だ」

と言われて、そういう職業に就くことを目指そうとする。

そのうち、親や周囲の期待に応えることが第一で、自分がやりたいと感じることに価値なんてないと思い込むようになってきます。

そして、自分のやりたいことは脇に押しやられ、深く抑圧され、どんどん何がやりたいのかわからなくなってしまうのです。

それだけではありません。なんだか人生そのものに疲れてきます。

それはそうです。「やりたいこと」をやっていないのですから。


「やりたいことがわからない」という人は、**自分の「魂の望み」ではなくて、人の期待に応えることを握りしめている。**

あなたを育ててくれた人たちの期待に応えたい、というのは彼らへの愛情表現でもあると思います。その思いそのものは尊いこと。だから、これまで自分の「魂の望み」よりも「人の期待」に応えようとしてきたことについて、自分のことも周囲も責める必要はありません。

その上で、**人の期待を握りしめるのをやめて、重荷を下ろして、自由に生きるこ**とを目指してください。

Point

本当の幸せは、本人だけが知っている

「やめてみる」と意外となんとかなってしまうもの

あなたが愛する人たちを歓ばせようと、自分のやりたいことではなく、相手の求めていることや期待していることに応えようとする生き方をしていると、それが習慣になって、いつも人を歓ばせ、期待に沿う人間であろうとし始めます。

やりたくないことでも頑張ってやる。
行きたくなくても、断らない。
笑いたくないのに、笑おうとする。

そんなことを繰り返していると、あなたの心はどんどん消耗してしまい、自分にとって何をすることが歓びなのか、わからなくなってしまいます。

もしもあなたが、そんな生き方をしていたとしたら、最初にやるべきは、その疲れた自分に鞭《むち》打って、やりたいことを探すことではありません。

それ以前にすべきは、

「やりたくないと思っていることをやめる」

ことです。

背負っている荷物を下ろさないと、体を自由に動かせないのと同じで、やりたくないことをやめると、ホッとして、心がやっとゆるんでいきます。

一度にすべての「やりたくないこと」をやめるのは難しいかもしれませんが、少しずつ、できるところからでいいですから、確実に「やりたくない」ことをやめていきましょう。

やめてみるとわかるはず。意外にどうとでもなるんだなあって。自分がやらなくても、やってくれる人も、助けてくれる人もいるんだなあって。

そうやって自分を自由に解き放ちながら、しばらくはゆっくりペースでいくのです。

そしてできれば、ゆっくり休んでください。

自分では気づいていないかもしれないけれど、相当疲労がたまっているはずです。

宇宙とつながるワーク6の「完全休養DAYを作る」も、こういうときにこそ積極的に取り入れてみてください。

Point

「背負っている荷物」を下ろしてホッと一息つこう

「好きなように過ごす」ことが心のリハビリに

「やりたくないこと」は、できるだけやらない。そして、ゆっくり休む。完全休養DAYを丸一日取れなくても、お休みの日は、できる限り自分の好きなように過ごす。

寝坊したければ寝坊していい。ご飯も決まった時間に無理に食べなくていい。食べたくなったら、食べたいものを口にすればいい。

ボ～ッとしていたければ、何もしないでボ～ッとしてみる。

こんなふうに「好きなように過ごす」ことが、一種のリハビリになります。

今まで「こうあるべき」にずっと縛られてきたわけですから、**ギューッと縮こま**

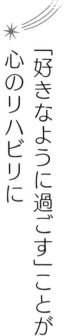

っていた心をゆるませる必要があるのです。

「こんなことをやっていたら、ダメ人間になる」と、心の中で「べきアラーム」が鳴るかもしれませんが、そんなものは無視していいのです。

今は心をゆるませて、好きなように生きることに慣れるリハビリ期間ですから。

そうやって好きなように気ままに過ごしていると、だんだん小さな「やりたいこと」が浮かんできます。

久しぶりに公園の噴水が見たいなあとか、温泉にゆっくりつかりたいなあとか、子どもの頃に好きだったキャラメルが食べたいなあとか。

そういう小さな「やりたいこと」が浮かんできたら、それをどんどん自由にやってみましょう。すると、心がだんだん元気になってきます。

そして、本来の自分を取り戻し始めるのです。

子どもの頃、放っておいてもやりたいことをやっていた、あの感覚がよみがえってくるでしょう。そうすると、無理に探さなくても、自分のやりたいことはなんなのか、わかるようになってきます。

無理して自分探しのセミナーに参加したり、焦って本当にやりたいわけでもないことを始めたりしなくていいのです。

まずは心をゆるめて、自分の好きなように過ごすだけで、子どもの頃の無邪気なあの感覚がちゃんと取り戻せるようになってきます。

Point

心がゆるむと「やりたいこと」が浮かんでくる

誰もが「やりたいこと」を持って生まれてくる

またまた子どもの頃のことを思い出してみてください。「自分の好きなことって何かな?」なんて考えることもなく、自分のやりたいことに没頭していたと思いませんか?

昆虫が大好きで、昆虫図鑑を何時間でも見ている子もいれば、とにかく休み時間になると一目散に校庭に出て走り回っている子もいれば、アイドルのマネをしてずっと踊っている子もいたでしょう。

それは誰かから強制されてやっていたのではなく「自発的」にやっていたはずです。

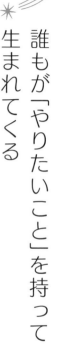

「興味のあること」って、人それぞれ。

なぜこんな話をしたかというと、「子どもの頃に好きだったことがあなたのやりたいこと」という話をしたいのではありません。

「誰もが、やっていると楽しいこと、熱中できるものを生まれながらに持っている」ということをお伝えしたかったからです。


人よりちょっと何かがうまくできるとき、「才能を活かしたほうがいい」とアドバイスしてくる人もいます。でも「得意なこと、人よりちょっとうまくできること」が、必ずしも「好きなこと」とは限りません。

宇宙からの恩恵をたっぷり受け取りたいなら、**「楽しくて仕方ないこと」「夢中になれること」をやるに限る**のです。その「夢中になれること」を、誰もがみんな生まれながらにして持っています。

「好きで夢中になれること」に熱中していると、まず本人が「最高に楽しい!」と思えます。本人が楽しいと思えるから、その楽しさの周波数が宇宙の周波数とシンクロし、幸運が流れ込みやすくなる。そうなると、結果的に成功にもつながっていくわけです。

あなたはもともと「やりたいこと、夢中になれること」を生まれ持っているわけだから、それが自由に発露できる状態を作るだけでいいのです。

そのためにも、まずは「やりたくないこと」をやめてみる。その次に大事なことは、前項でもお話ししましたが、自分の好きなように、気ままに過ごすこと。

ちなみに、**「好きで夢中になれること」を始めたときに、ちゃんと軌道に乗れるよう、宇宙があらかじめ「必要な経験」をさせることも多い**ものです。

私自身の経験をご紹介しますと、私はそもそも経理的な事務作業があまり好きではありませんでした。ところが、前の職場で、その部門の予算を作ったり、決算をしたりする業務があり、何年もやっているうちに、どうってことなくできるようになりました。

その経験は、独立して今の仕事を始めたときに、とても役立っています。

こんなふうに、後から役に立つ経験を「本当にやりたいこと」を始める前にさせられることもあるのです。

その他にも、今の仕事に直接関係ないような前職での経験のすべてが、今の仕事に役立っていることに驚くばかりです。

「やりたいこと」がスケールの大きいものである場合、たくさんの「経験値」が必要で、そのやりたいことを始めるまでに時間がかかる場合もあります。

自分のやりたいことが思い出せなくなるほど、人の期待に応えてきた……そんな経験も、「後から役立つ」ことも多いのです。

好きなことをやって輝いている人を見ると、「それに比べて自分は……」と落ち込んだり、焦ったりすることがあるかもしれません。でも、人によって、「好きなこと」ができるまでのペースは違って当然。人と比べる必要もありません。

Point

遠回りに見えることも、宇宙が与える「必要なステップ」

仕事は「目先の数字」より「ワクワク」を追求！

「好きなこと」を仕事にしたとき、「一番気にかけたほうがいいこと」ってなんだと思いますか？

売り上げやお客さんの数？

早く周りの人に評価される方法？

違う違う。

「いかに楽しむか」

ってことですよ！

自分にとって楽しくて夢中になれることをしていれば、自動的に宇宙の周波数と同調するんでしたよね？

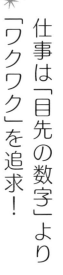

だったら、楽しむことを、とことん重視していきましょう。あなたが楽しくてたまらなければ、その歓びの周波数は、何よりも人を引き付けます。誰もが「楽しそうにしている人の側《そば》に行きたい！」と思うものですし、その人の側に行くことで「自分も『魂の歓び』を思い出したい！」と潜在的に思っているのだと思います。

もちろん、好きなことを仕事にしても、最初は売り上げが上がらなかったり、思うような結果が出なかったりすることもあるでしょう。すると、「楽しんでなんていられない」という気分になるかもしれません。その気持ちもよくわかります。

でも、ここが分かれ道なんです。

ここで、「売り上げやお客さんの数をどうにかしよう」「自分の評価を上げたい」と考えるか、「何をすれば一番楽しいかな？」と考えるかで、「その先の展開」が全然違ってきます。

まず、自分がやっていて楽しくなければ続きません。そして、売り上げのため・評価のために「やりたくないこと」を無理してやり始めたら、当然つまらなくなるし、情熱も冷めてしまうでしょう。

だから「売り上げ」とか「お客さんの人数」とか「自分の点数」なんていう**目先の「数字」をつかもうとしない**こと。代わりに、**「歓び」をつかもうとする**こと。

それ以前に、売り上げや評価が上がろうと上がるまいと、全力で楽しむこと。あなたが楽しんでいるエネルギーは、あなたの仕事の成果や提供するサービス・商品に必ず反映されます。そのエネルギーを感じ取って、人は「いいな」と思うのです。

だから、まずはあなたが全力でワクワク楽しんでください。

その勢いでやっていれば、心配しなくても、豊かさが流れ込むようにできています。**「好きなことを仕事にしてうまくいくかどうか」は、その踏ん切りというか、思い切りができるかどうかで決まる**のです。

Point

売り上げや評価より「いかに楽しむか」がポイント

宇宙とつながるワーク

Work 12 小さなノーを言ってみる

やりたいことがはっきりしていて、「もう、それに向かって突進中！」という人は、このワークをやる必要はありません。

このワークは、人の期待に応えてばかりで、「自分の本当にやりたいこと」をしてこなかった人のためのワークです。

何十年も「人の期待に応える生き方」をしてきた人が、いきなりすべてのやりたくないことにノーを言い始めたら、やることが何もなくなってしまうかもしれません。

思い切ってすべてを手放せるなら、本当はそちらをおススメしたい。そのほうがずっと解放されるし、人生の転換も早くなります。

でも、それがなかなかできないなら、**小さなことでもいいから「ノー」と言ってみる**ことを実践しましょう。

「今日はゆっくり休みたいなあ」というときに、食事に誘われたら、ちゃんと「このところ忙しくて、今日はゆっくり休みたいから、また今度ね」と断ってみる。

英語のレッスンの予約をしていても、どうしてもやる気になれないときはキャンセルを入れる。

ちょっとだけ勇気が必要ですが、人の顔色を気にして「本当はやりたくないこと」を無理にやろうとしている自分に気づいたら、まず止まってみることです。

そして**「やりません」「やめておきます」「お休みします」**と言えないか、自分に聞いてみる。それができそうだったら、やってみる。するとエネルギーがだんだん回復してくるのを感じます。

そして、いずれは「やりたくない仕事を辞める」という大きな決断だって、できるようになってくるはずです。

Work 13
小さな楽しみを増やす

「やりたくないこと」をやめる弾みをつけるための練習が「小さなノー」を言うことなら、「やりたいこと」をやる弾みをつけるワークは、**生活の中に「小さな楽しみ」を増やす**こと。

たとえば、朝一番に淹《い》れるコーヒーの香りが好きだったら、豆をじっくり選んでみるとか。

豆にもいろいろな種類があって、苦味、酸味、甘味のバランスが豆によって異なりますよね。自分の「一番好きな味」の豆を探して、お店で挽《ひ》いてもらい、そのフレッシュな香りを楽しむ時間を作ったりするのもいいですね。

そんな「ちょっとしたこと」でいいから、毎日の中に楽しみを増やしていくのです。

せっかくおいしいコーヒーを淹れるなら、カップに凝《こ》るのもいいでしょう。大好きなカップで楽しむコーヒーの味は格別のはず。「このカップを目にしただけで気分が上がる」というカップを自分のために選んでみましょう。

あるいはスリッパを厳選するのもいいでしょう。大好きなデザインで、履き心地がいいスリッパを履くだけで、全然気分が違う。夏は涼しい竹素材の肌触りを楽しみ、冬はふかふかのムートンの温かさに包まれるのも気持ちいいですよね。

食事も、ふだんは健康のため、ちょっと苦手なものを我慢して食べていたとしても、心が欲しているものを好きに食べる日を作ってもいいでしょう。

こんなふうに日常の中に「**楽しい、心地いい**」と感じることを増やしていくと、自分が何をすれば楽しくて、熱中できるのかを思い出しやすくなっていきます。

どんなにささやかなことでも、日常に小さな楽しみが増えてくると、気分も明るくなってきます。そうなると、ますます弾みがついて、「大きな楽しみ」も自分に

プレゼントしたくなってくるでしょう。もちろん、「大きな楽しみ」もどんどん取り入れてみてください♪

こうして、「人生を楽しむこと」を自分に許していきましょう。

Chapter

9

「ネガティブな感情」が教えてくれること

――それは「大きく脱皮」できるチャンス！

感情に「とらわれる」のではなく「活かして」いく

くやしさや怒り、苦しみなどの感情は、できれば味わいたくないと思うものですよね。こういう感情は早く解消したい、どこかにいってもらいたいと思えば思うほど、心に絡みつきます。

一方、もしもそんな感情が人間にまったく必要ないなら、宇宙は人間にネガティブな感情など与えなかったでしょう。だけど人間には、そうした感情がある。ということは、**ネガティブな感情によって得られるものがある**、ということなのです。

くやしさにも、怒りにも、苦しみにも、ちゃんと役割がある。その感情が、あなたに大事なことを教えてくれます。

感情は、それにとらわれるとヒートアップして理性を失わせますし、無視していると心の奥底にマグマのごとく溜まり、あるとき突然爆発したり、心を破壊したりします。

だから、マイナスの感情が湧いてきたら、それに乗っ取られることもなく、無視することもなく、**ただ「そう感じている」と、受け入れてしまえばいい**のです。

そして、ここからがとっても大事な話。感情を受け入れたら、**それぞれの感情の持つ「役割」に気づいて、それを活かす**ことに目を向けること。

そうすれば、人生はさらに豊かで素晴らしいものになっていきます。

これから「ネガティブ」と言われる感情に、どんな役割があるのかをお伝えしていきます。今度その感情が湧き上がったときは、その感情を活かすことを意識してみましょう。

大丈夫。ここまでこの本を読んできたあなたなら、きっとできるはずです。

Point

それぞれの感情の持つ「役割」を知ろう

「くやしさ」は新たな世界へ踏み出す原動力

宇宙はときどき、「絨毯《じゅうたん》の端《はし》を引っ張って、転ばせるようなこと」もしてきます。小さな平和という枠の中で胡坐《あぐら》をかいていると、そんな枠から出させるために、そういうことをするのです。

リストラや左遷《させん》をされたり、侮っていた相手に出し抜かれたり、誰かにとんでもなくバカにされたりする、という形をとって、です。

「なんで私がこんな目に遭うの!?　ひどすぎる！」

と、くやしさがこみあげてきますよね。宇宙がなんのためにそんな体験をさせているのか理解できなくて、会社や人を攻撃したい気持ちにもなるでしょう。

でも、ちょっと待ってください。

「くやしい！」と思っているときって、どうですか？
内側から力が漲《みなぎ》っていませんか？
その力を使って新しいことをするのです。

今よりもっと素晴らしいこと。
もっとたくさんの人を幸せにすること。
もっと画期的なこと。
もっと面白いこと。
くやしさを、そういうものを生み出す原動力にしてしまえばいい。

「自分はひどい目に遭っている被害者だ」というスタンスでいると、残念ですが宇宙の法則からいって、ますます状況は悪化していきます。
逆に、「そうか！　目を覚ませって言っているんだな。発想を転換して、もっと新しいこと、面白いことをやれって言っているんだ」と迎え入れれば、人生は何段階も進むのです。

あなたには、それだけの大きな力があるから、この状況が与えられたということ。

くやしさを味わったときは、「人を変えよう」「会社を訴えよう」などと自分以外の人や組織、環境などの「外側を変えること」に意識を向けないこと。

これは、**自分自身が大きく脱皮するチャンス**なのです。

Point

「自分以外を変えようとすること」にエネルギーを使わない

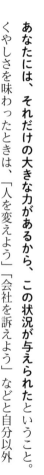

ムカッときた——その感情の「奥」にあるものに注目

人はなぜ腹を立てるのでしょうか。

あなたはどういうときに腹が立ちますか？

それは、「自分が大事にしているもの」を踏みにじられたときではないでしょうか。

つまり、**怒りは「自分が何を大事にして生きていきたいのか」を教えてくれているる**のです。

そんなこと、わざわざ怒りを体験しなくたって、わかっているって？

確かにそういう人もいるかもしれません。

だけど、多くの人は、あまり意識的には生きていないもの。自分が人生において何を大事にしたいのか、どんな人と付き合っていきたいのか――。日々の雑事に流されて、意外にもわかっていないことが多いのです。

たとえば、レストランで食事をした後、テーブルの上の食器もぐちゃぐちゃ、椅《い》子《す》も戻さない人を見て腹が立つなら、あなたは「整然とした環境」に価値を置いているのかもしれないし、他人を思いやれる人と付き合うことを大事に思っているのかもしれない。

自分が何に対して腹を立てているのか、「その奥にあるもの」をじっくり見つめてみれば、「自分が本当に大事にしたいもの」がわかってくるのです。

あなたが「大事にしたいこと」に気づいたなら、これから、ちゃんと大事にしていきましょう。そのためには、それにふさわしい環境や人間関係を「受け取る」と決めること。何度もお伝えしているように、あなたは宇宙の最高傑作なのですから、望むものを「受け取っていい」に決まっています。

この**「受け取っていい」という許可を自分に出すこと**が、ものすごく大事。

「ありのままの自分でいいのだ」という自己受容ができていない人は、「自分には
そんな素晴らしいものを受け取るだけの価値がない」と思い込んでいることもあり、
そのせいで自分にとって不愉快な環境や人間関係がやってきてしまいます。
それは、「自分をないがしろにしている」ということ。
だからしっかり、
「自分は大事にしたいものを大事にできる環境や人間関係を受け取ります」
と、宇宙に向かって明言するのです。
そうすれば、すぐに宇宙はそれに見合ったものを与える方向に動きます。
つまり、怒りを通して、自分にとってどういう環境が快適なのか、あるいはどう
いう人間関係であれば自分らしくいられるのかに気づくことは、より大きな幸運を
宇宙から受け取るための土台作りになるのです。

Point

怒りを通して、
自分が人生で大事にしたいことに気づく

嫉妬心から「封印された能力」の在《あ》り処《か》がわかる

あなたはどんなときに一番嫉妬《しっと》しますか。
誰かがあなたよりも成功しているとき?
誰かがあなたよりも愛されているとき?
誰かがあなたよりもキレイなとき?

「嫉妬をする」とは、なんらかの要素が、自分には欠けているか、足りないか、劣っていると思っている、ということですよね。

一体、誰がそんなことを決めたのでしょう?

それが、他でもない自分だということに気づいていますか？

もしも「自分には、自分の人生を思ったように切り拓いていく力がある」と思えていたら、嫉妬なんてしないはずです。

「自分にはそれがない」「それを受け取れるだけの価値がない」と思い込んでいるから、その力が発揮できないだけだって知っていましたか？

あなたはすでに、その力を持っています。

本当は、あなたには成功する力も、愛される魅力も、美しさもちゃんと備わっているのです。それなのに「自分にはそんな力も魅力もない」と決めつけているから、宇宙がわざわざそんな力や魅力を発揮している人を目の前に登場させて嫉妬させるのです。

「おいおい、勘違いするな。キミにもそれだけの力があるんだよ。そのことに気づきなさい」って。

つまり、**嫉妬は、あなたが封印している潜在能力がなんなのかを教えてくれるも**

の。だから嫉妬するたびに気づいたらいいんです。

「あっ、私ったら、自分にはそんな能力や魅力がないって勘違いしていたんだな」って。

そして、自分の中にも、その力や魅力があるということを認めてしまえばいい。

自分には「足りない」、自分には「ない」と思っていたから、その力や魅力が封印されていたんですよね。だったら**「ある」と思えばその力や魅力が表に出る**だけのこと。それだけの話なのです。

Point

嫉妬するとは
自分にも、その力や魅力があるということ

「虚しさ」の裏に貼りついている承認欲求

「やりたいこと」をやっているはずなのに、うまくいかないことが続くと、虚しさを感じてしまいますよね。

では、逆に、どうだったら虚しくならないのでしょう。

「やりたいこと」をやって、それがうまくいけば虚しくはならないのでしょうか。

では、「うまくいく」ってどういうこと？

人から賞賛されること？　ちゃんと収入があること？

本当にやりたいことをやっていたら、まず何よりも**歓びの気持ち**が先に湧き上がるはず。そして、その歓びが人を引き付け、収入にもつながるようになります。

つまり、虚しく感じるような事態にはならないということ。

それなのに虚しさを感じるのだとしたら、「やりたいことをやる歓び」より、「人から認められること」を求めているからなのかもしれません。

人に認められたいという気持ちのことを**「承認欲求」**といいますが、それが何よりも優先されている場合は、相手にもそれが伝わって、なんだか興ざめするのです。その結果、自分のところに集まってくる人が減っていき、虚しさを感じることになってしまいます。

だから、虚しさを感じているなら、**「自分が本当は何を求めているのか」を自分によく聞いてみること**が大事です。

その結果、承認欲求が優先されていることに気づいたなら、**人に認めてもらうことより、自分が自分を認めることを優先させること。**

自分が自分を受け入れられるようになれば、人の思惑は気にならなくなり、好きなことを純粋に追求できるようになります。そのためには、宇宙とつながるワーク

10「『ありのままで完全』の回路をつなげる」をしっかりやってみてください。

さらに言うと、自分がやりたいと思っていることは「本当にやりたいこと」なのか、もう一度吟味《ぎんみ》したほうがいいでしょう。「本当にやりたいから」ではなく、「人からの承認を得たいから」やっている場合も結構あるからです。そこは自分に正直になりましょう。

虚しいと感じるときは、「どこかボタンを掛け違えている」というサイン。自分がどこでボタンを掛け違えたのかがわかれば、ちゃんと軌道修正できます。

Point

「虚しさ」から〝ボタンの掛け違え〟を探していく

つい「焦ってしまう」ときほど自分のことに集中

焦りって、人と自分を比べて、自分の存在が脅《おびや》かされると感じているときに起こる感情ですよね。

自分よりも人が成功したり、愛されたり、注目されたりしたら、自分の立場がなくなると心配しているということですよね。

なんで心配なんだろう？　それを深く考えてみたことがありますか？

一つには、やっぱり**「承認欲求が満たされなくなるから」**ですよね。自分よりも注目されたり、賞賛されたりする人がいたら、承認欲求は満たされなくなる。

承認欲求を手放さずにいれば、常に人のことが気になり、人の反応に振り回され、満たされない人生になってしまいます。

承認欲求を手放す第一歩は、「自分は承認欲求という、不要なものを握りしめているんだ」と自覚すること。

そして前項でも言ったように、自分が自分を認めること。どんな自分でも認め、受け入れることができれば、人がどうであれ気にならなくなります。人を気にするより、「今度はどんな楽しいことをしようか」という自分の「魂の歓び」のほうが気になるようになるでしょう。

もう一つは、**「人から取り残されるという怖れ」**ですよね。でも、そんな怖れも、もちろん無用なもの。

宇宙はその人に必要な経験をしっかり積ませ、ちょっとやそっとでは崩れない成功に導こうとします。そして、何がその人にとって必要な経験で、それにはどれだけの期間が必要かは、人によって違います。

だから、自分を人と比べること自体がナンセンス。それに、スルスルッと成功して幸せそうに見える人でも、本当にその成功がこの先も盤石《ばんじやく》かどうかなんて、わかりません。

あなたはあなたのペースで、宇宙を信頼し、自分を信頼して進むだけでいいのです。

焦りは、自分が「承認欲求」や「取り残される怖れ」などにとらわれているというサインでもあります。だから焦りを感じるときは、「自分の人生」に集中して、人と自分を比べてしまうクセを手放せばいいということです。

Point

焦っているときほど、人と比べず、自分の人生に集中する

Work 14 体を使って感情を出し切る

歓びや楽しさなどの感情なら、いくらでも味わいたいと思いますよね。

でも、くやしさや、怒りや、虚しさや、焦りといった感情とは、できたら無縁でいたいから、一刻も早く解消しようともがいてしまう。

でも、脇に押しのけて感じないようにしようと思うほど、ネガティブな感情は絡みつくようにできているのです。

なぜなら、その感情を通して、気づくべきことがあるからです。

だったら逆に、感情を抑え込まないで、徹底的に出し切ったらいい。

もちろん「人にぶつける」という意味ではないですよ。安全な形で、思いっきり吐き出せばいいということ。

怒りを感じているなら、思いっきり枕をぶんなぐってもいいし、布団をかぶって、思いっきり大声で言いたいことを叫びまくってもいい。

子どもが駄々《だだ》をこねるときのように、背中を床につけて、両手両足を思いっきりバタバタ動かすのもいい。

言いたいことを紙に書きまくるというやり方もあるけれど、それだと思考にとらわれやすいので、体を使って出し切るほうがおススメです。

とにかく抑えつけるのをやめて、その感情を出したいだけ出してみるのです。すると、ものすごくスッキリしてきます。

感情は、出してしまえば落ち着くようにできています。

抑圧するのが一番よくない。

もしかすると抑圧することに慣れてしまっていて、最初はなかなか感情を表に出せない人もいるかもしれません。だったらなおさら、体を使ったほうがいいでしょう。体を使ったほうが感情を出しやすく、紙に書いたり、小さな声でつぶやいたりする出し方よりも、エネルギーが大きく動くからです。

エネルギーが動けば、宇宙から流れ込む幸運の量も変わってきます。

まず感情を出し切った上で、次に紹介する「感情との対話」をすれば、感情の奥に隠されている自分の本当の気持ちに気づきやすくなりますよ。

Work 15 感情を受け入れ、感情と対話する

体を使って感情を出し切ったら、今度は感情と対話してみます。

この感情はどこから来たのか？

何が引き金になっているのか？

たとえば嫉妬なら、自分にはどんな能力が足りないと思ったのか。

焦りなら、何を奪われると思ったのか。

これまでの項目で伝えてきたことを参考に、よく感情と対話してみてください。

対話するときは、テレビやラジオ、インターネットや携帯からも離れること。

一人になれる場所と時間を確保して、じっくり向き合いましょう。

最初はどうしても頭で考えたり、理屈をこね回したりして、わかった気になったりするかもしれません。だけど、なんだか腑《ふ》に落ちない……それは、まだ真実に至っていない証拠です。

だったら、またとことん対話すればいいのです。頭が爆発するほど考えると、ある瞬間、何も浮かばなくなる。文字通り頭が真っ白になる。その瞬間に、**突然、自分の本当の気持ちにアクセスする回路**が開きます。

すると、

何を怖れ、

何が自分には足りないと思い、

どんなふうに自分の力を見くびっていて、

本当は何を望み、
何をしたいと思っていたのかが雷のように落ちてきます。

本当の「気づき」には感動があるものです。ハートが熱くなる。

そして「気づき」が起こった時点で、そのとらわれから自由になっているのです。

感情は、宇宙から与えられた幸せの羅針盤。

大事にして、よく話を聞いてやれば、いつもあなたの人生を幸せに導いてくれるものなのです。

Chapter 10

「とにかく、やってみる」をデフォルトに設定

——その「ためらい」「怖れ」は人生のお邪魔虫

「安全確実」よりも「変化を楽しむ」

あるところに、「絶対に安全確実でなければ何もしない」という人がいました。

車を運転するなんて、もってのほか。だって車を運転したら、こっちがいくら安全運転していたって、車をぶつけられて怪我《けが》をする可能性があるのですから。

バスだって、ちょっと大きいだけで要は車と同じ。運転手をこっちが選ぶこともできないから、やっぱり安全じゃない。電車だって故障して脱線する可能性もあるし、飛行機だって墜落するかもしれない。

だから、絶対に乗りものには乗らない。徒歩で行く。

でも、歩いているときに、車がぶつかってきたらどうしよう。上から鳥のフンが落ちてくるとか、そういうこともないとは言えないよな。それで上にばかり気を取られていたら、今度は足元の犬のウンコを踏むかもしれない。これも絶対に安全とは言えないなあ。

う〜ん、これじゃあどこにも行けないよ。

でも待てよ、家にいても大地震が来るかもしれないし、強盗が入るかもしれない。

エ〜ン、どうしたらいいんだよ。この世に安全な場所なんて、どこにもないじゃないか！

こんな人はさすがにいないと思いますが、安全確実でなければ先に進まないとしたら、この人みたいな人生になってしまうでしょう。

すべての危険を回避できるまで、「何もやらない」ということですから。

あるいは、「どんな変化も拒《こば》む」ということですから。

世界はどんどん進化しています。つまり**「変化すること」がこの世界の大前提。**

変化し続ける世界の中で、安全確実をつかんで放さず、頑なに変化を拒んでいたらどうなると思いますか？

流れに取り残されるだけじゃない。すでに機能不全を起こしているやり方を続ければ、ますます大きな壁にぶち当たり、にっちもさっちもいかなくなり、どん底まで行ってしまう。

だから、何かをすることのリスクにビクビクして、安全確実にこだわりすぎることは、むしろ危険なことでさえあるのです。

Point

リスクを取らないことが、もっともリスクのあること

「思い切って動く」から生じるエネルギーの好循環

人間の持っている力って想像以上に大きいものです。**「火事場のバカ力」**という言葉がありますよね。切羽詰《せっぱ》まった状況に追い込まれると、いつもは出ないような力が出ることのたとえですが、本当にそうなのです。

人がリスクを取って何かをやろうとするときは、「火事場のバカ力」のような大きな力が出るきっかけになります。

筋肉は、使わずにいると、どんどん衰えていきますよね。それと同じで、力も使わないと、どんどん出にくくなっていくのです。すると、その人の持っているエネルギーも収縮していきます。エネルギーが収縮状態になると、宇宙とも周波数が合わなくなるから、幸運も流れ込みにくくなります。

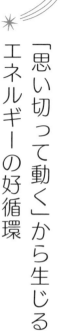

その意味で、**リスクを取ることは、宇宙から流れ込む幸運を受け取る間口を広げる柔軟運動のような効果があるの**です。

でも、何もむやみに危険を冒せと言っているわけではありません。

パラシュートもつけずに、スカイダイビングをしてくれという話をしているのではないのです。

ここでお伝えしたいのは、確実に成功する保証があるわけではないけれど、**「魂がどうしてもやりたいこと」**について、どう考えるかという話です。

どうなるかわからない。

でも、どうしてもやってみたい。

そういうリスクなら、取ったほうがいい。

「よし、やるぞ！」と思えば、その瞬間に力も湧き上がるし、突破力も出てくるし、集中力も格段に上がる。それにもちろん、宇宙からの幸運を受け取る間口も広がって、いよいよミラクルが起こり始めます。

「リスク」という言い方は、この場合正しくないかもしれません。別に危険にさらされるわけではありませんから。

つまり、**不安や怖れに負けず、思い切って動けるか**……ということ。

それは、「どこまで自分と宇宙を信頼しているか」の問題にすぎません。

「よし！　何があっても宇宙と自分を信頼して進もう」と肚《はら》を決めることで、受け取る間口はどんどん広がっていきます。

そう思えば「リスク」ともっと仲よくなれそうな気がしてきませんか？

Point

「どうしてもやりたいこと」に飛び込む時、宇宙から幸運が雪崩《なだ》れ込む

あなたはもっと「エネルギーを拡大」させてもいい

人間は何かを手に入れるために、何かの行動を起こします。

たとえば好きな人が「ショートカットの女性が好み」と聞いたら、長い髪をバッサリ切ってショートカットにしたり。そうすれば「あの人が振り向いてくれるかもしれない」と思うからですよね。

ところが、せっかくお気に入りのロングヘアをバッサリ切ったにもかかわらず、その彼は、別のミディアムヘアの女性と付き合い出してしまった。すると、

「ショートカットの女性が好みだって言ってたくせに、なんでミディアムヘアの子と付き合うのよ。あ～あ、ショートカットにして損した！」

と思ったりする。

行動した結果、手に入れようとしたものが手に入らなければ、人間はそれをすぐに「失敗した」とか「無駄だった」と決めつけます。

だけど、宇宙はそうは見ていないのです。

宇宙は、あなたが何かを手に入れようとしたとき、**「どれだけエネルギーを動かしたか」**を見ています。

今、「見ている」と書きましたが、別に宇宙に目があるわけではありませんよ。

宇宙は、今この瞬間も恐るべきスピードで動き、拡大し続けています。

地球だって一体どのくらいのスピードで回っていると思いますか？　赤道付近なら、時速１７００㎞ですよ！　新幹線のざっと６倍ものスピードです。

こんなに果てしない宇宙の、こんなに小さな惑星ですらそうなのです。

まして宇宙全体は、想像もできないほどのスピードで動き、拡大している。

ということは、**動き続ける宇宙と同調するには、エネルギーを動かしたほうがス**

ムーズなのです。

しかも、「大きく動かせば動かすほどいい」ということ。

だから、**結果にこだわる必要はありません**。

今までやらなかった新しいことに挑戦したのなら、エネルギーは大きく動いたわけですから、それでいいのです。

そのときは、不本意な結果しか手に入らなかったとしても、後になって、その動かしたエネルギーに見合った大きな幸運が、全く想像さえしなかったところから流れ込んできたりします。

好きな人に気に入られようとショートカットにしたことで、決断力と行動力に弾みがついた。すると、「誰かいい人がいたら紹介して」と人に気軽に依頼できるようになり、以前好きだった人よりも、もっと魂の響き合う素敵な人との出会いにつながった……そんなことだってあるのです。

自分が頭で考えていたレベルの「小さな結果」なんて、伴わなくても気にしなくてかまいません。

あなたが今日、どれだけエネルギーを動かしたか——そちらのほうがずっと大事な問題なのです。

Point

エネルギーを大きく動かすほど、幸運も大きくなる

人生を驚くほど早くシフトさせる極意

大して気にならない人になら、「素《す》の自分」を見せることは恐くないけれど、憧れの人を前にすると、「恐いな」と思いませんか？

本当は、憧れの人にこそ、どんな自分のことも受け入れてもらいたいし、どんなときも自分のことを好きでいてほしいと思うもの。

そんな願いが強いからこそ、「素の自分」を拒まれることが恐くてたまらない。

だからカッコつけたり、緊張してしまったりするんですよね。

つまり、**何かを強く望んでいるからこそ、「それが手に入らなかったら、どうしよう」と恐くなる**というわけ。

だけど、恐がっていても埒《らち》が明かないものです。同じところをグルグル回っているだけで、前には進めません。まるで片足を軸にして回転する、バスケットボールのピボットみたいな状態ですよね。

それなら、そのリスクを取ったらいいのです。前項でも言いましたが、大事なのはとにかくエネルギーを動かすことなので、結果は気にしなくてもいいのです。**あなたが思った以上のものを、宇宙はベストタイミングで与えてくれる。**そのことを信じて、怖れを手放し、その開いた手で代わりにリスクをつかめばいい。

どうですか？

今まで、その逆のことをするように散々、言われてきませんでしたか？

「安全をつかんで、リスクはつかむな」と……。

果たしてそれで、人生が開けたでしょうか？

残念ながら、**宇宙の法則はその逆**だったのです。

人生を驚くほど早くシフトさせる極意は、リスクを取って、前に進むこと。

本当に受け取りたいものがあるなら、これに限ります。

「恐い」という感情は、表面的な反応にすぎません。

「本当はやってみたいという気持ち」が隠れています。どうぞ、その気持ちを無視しないでください。

「怖れ」よりも「やってみたい！」に目を向ける。

「それが手に入ったら、楽しいだろうなあ」と夢を膨らませる。

そして、そのワクワクを原動力にトライしてみれば、意外にもあっさりとうまくいくものなのです。

Point

大切なのは「ワクワクを原動力」にしてトライすること

「考えすぎずに、まずトライ！」は爽快でクセになる

脳は基本的に、用心深くできています。そのお陰で命が危険にさらされないように守られているともいえます。

でもそれが行きすぎて、まだ起こっていない危険まで、あたかも起こることが決まっているかのような錯覚を起こさせる。だから、考えれば考えるほど、うまくいかない可能性や危険性にとらわれてしまうのです。

「命を危険にさらさないように、安全運転する」のは、もちろん大事なことだと思います。でも「魂が望むこと」にトライしようとするときに、考え込みすぎると、どうしても怖れが膨れ上がってしまう。

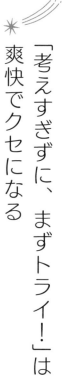

たとえば、憧れの業界に転職したいと思ったとします。そのためには新しいスキルを身につけることが必要で、オンラインで講習を受けなければならない。でも、お金もかかるし、今の仕事も忙しいし、休日もゆっくりできないかも。それに、たとえ受講しても、ちゃんと仕事に就けるかどうか、わからないし……。

こんなふうに考え込んでしまうと、身動きできなくなってしまいます。

バンジージャンプをするときに、考えれば考えるほど、恐くなって飛びたくなくなってしまうでしょう？

でも考えずに「もういいや、どうにでもしてくれ」って、さっさと飛び出してしまえば、意外にも爽快でクセになったりする。それと同じです。

考えることが大事な場合もあるけれど、**人生をどんどんいい方向にシフトさせていきたいなら、考えすぎずに、まずトライしてしまうこと**なのです。

そうすれば、その経験がまた次の挑戦をするときに役立ちます。そして、どうすればうまくいくかのコツを体得していけます。すると、他の人がなかなかできないような大きなチャレンジもできるようになるのです。

今私が言っていることも、

「えー、本当かなあ……。でもなあ……」

なんてごちゃごちゃ考えていないで、「とにかく、やってみる」とわかります。

大丈夫！　あなたはどんなときも宇宙に愛されているし、本質的には守られ、導かれてもいる。そのことを信じて、ジャンプしてみましょう♪

Point

宇宙を信じて、ごちゃごちゃ考えずに「とにかく、やってみる」

「怖れ」を手放すと、人生はお得なことばかり

ここまでいろいろ話をしてきて、この世で**一番手放したほうがいいもの**が何か、わかりましたよね？

そう、「**怖れ**」です。

怖れを感じることで、命を危険にさらすことなく、守られることもあると書きました。

でも、

✧**大好きな人と仲よくなること**

✧**「魂が望むこと」をすること**

✧自分の本当の気持ちを伝えること
✧やりたくないことに対して、はっきりとノーと伝えること
✧人生を思うままに生きること
✧いくらでも宇宙から幸運を受け取ること
✧自分の個性を自由に表現すること

これらに対する「怖れ」は、この世で一番いらないものだということを忘れないでください。

「怖れ」は、失敗や傷つく可能性を煽《あお》り、あなたを萎縮《いしゅく》させます。けれど、「怖れ」に負けずにエネルギーを動かしたとき、あなたにはもう、失うどころか、「得することしかない」と私は言いたい。

同じことばかり繰り返して、「何もしないうちに人生が終わってしまう」という、とても大きなリスクを回避できる。そして、人生の展開が驚くほど早くなる。

それに、様々な経験を次々と重ねることになるから、「経験値」もハンパなく上

がる。それによって、コツ、秘訣《ひけつ》、極意をどんどんマスターできる。

そうなれば、成功の可能性も高まります。どうでしょう。「お得なこと」ばかりですよね？

だから無駄な「怖れ」は手放すに限る！

そして**「怖れ」を手放す一番いい方法は、「実際の行動に移すこと」**。

それなのです！

Point

「行動する人」は、人生の秘訣と極意をどんどんモノにできる

「エゴの欲求」は潔く手放す

「どうにかしなきゃ」って思っているときは、たいてい「まだ起きてもいないこと」を不安に思っているときですよね。

このままじゃ、まずいことになる。

自分に不利な状況になる。

大事にしているものが奪われる。

安泰ではいられなくなる。

……そんな不安に駆られるから、それを解消するべく、「どうにかしなきゃ」と思うのです。

息子がロクでもない女と結婚しようとしている。それをなんとか食い止めなければと思って相手を呼び出して、

「うちの息子と付き合うのをやめてください。あなたのような人は、うちのような家庭には合わないの。どうせお金が目当てなんでしょ。手切れ金を出しますから、息子と別れてください」

と口出ししたりする。そういうシーン、韓流ドラマで見たことありませんか？

それを見たとき、どう思いましたか？　そのお母さんを応援したくなった？

だいたいそうはなりませんよね。「息子の好きなようにさせればいいのに、どうして口出しするんだろう。余計なお世話だよ」と思いませんでしたか？

「自分の存在が脅かされる」という怖れは、たいていの場合、この韓流ドラマのお母さんのように「自分勝手な都合」から生じていたりします。

それに、まだ起こってもいない、あってほしくない出来事を、あたかも「起こる前提」でとらえること自体、そのあってほしくない出来事を現実化させることにつ

ながります。何しろ、**人が強く思ったことは現実化してしまう**のですから。

だから、**「どうにかしよう」とするのは、残念ながら逆効果。**

ものごとをかえって混乱させ、葛藤を生み出すもとなのです。

人間より、宇宙のほうが、よっぽど全体を見通しています。

目の前の出来事のもっと深いところで何が起こっているのか、その本質はなかなか人間にはわからないものなのです。それなのに、「余計な手出し」をしてうまくいくわけがありません。

もちろん、自分にできることは、愛と誠意をもって最善を尽くしたほうがいい。

だけど、**その結果については、「宇宙にお任せ」してしまったほうがいい**のです。

そうすれば、宇宙が縦横無尽《じゅうおうむじん》に力を発揮してくれます。

すべてを長い目で見て、最善の状態に導いてくれる――そんな宇宙のはからいを、ジャマしないでいたほうが、ものごとが早く解決することも多いんですよ。

自分の思い通りにしようとするのは、「エゴの欲求」であって「魂の望み」ではありません。

エゴは自分の身の回りしか見えていない。自分の都合しか見えていない。

自分の都合しか見えていない人に、あなただってコントロールされたくないですよね。他の人だって同じことなのです。

コントロールしようとギュッと握っている手を開けば、宇宙がやっと手を出せる状態になります。

そして、**あなたよりずっとすべてがよく見えていて、無限の力を持っている宇宙が最善のサポートをしてくれます。**

何を信頼し、任せればいいのか、ここまでこの本を読んできたあなたなら、ちゃんとわかっていますよね。

Point

「どうにかしよう」とあがいて「宇宙のはからい」をジャマしない

「ありのままの自分」の応援団長になる

人間は、ついつい「カッコつけて」しまいます。その心理の背景には、何があると思いますか？

それは、「ありのままの自分なんて魅力がない」という「自信のなさ」ではないでしょうか。その自信のなさって、人に伝わっていないと思いますか？

せっかく頑張ってカッコつけているのに、残念ながら「自信のなさ」というのは、どこかで相手にバレてしまうものなのです。

だって、すべては本質的につながっていますから。あなただって相手がたとえ口に出していなくても、本当はどう思っているのか、なんとなくキャッチしてしまうでしょう？

ということは、**必死でカッコつければつけるほど、胸に「ありのままの私はイケていません」って紙を貼っているのと同じこと**になる。

それにカッコつけたり、取り繕《つくろ》ったりする人は、自分のことをさらけ出して話をしてくれないから、心も通じ合えなくなってしまう。だから相手からすれば、ますます魅力的には思えなくなってしまうのです。

社会で成功している人たちには共通した特徴があります。

それは、**どうなろうと自分の信じた道を進む覚悟が決まっている**こと。ビビりながら、保険を掛けるような生き方をしている真の成功者なんて見たことありません。

なんで「覚悟が決まる」とすごいことになるのか？

それには、ちゃんと理由があります。不安や怖れ、人にどう思われるかなんていう余計なことに使われている莫大《ばくだい》なエネルギーを、魂が望んでいる大きな歓びに向かって使えるようになるからです。

つまり、**すべてのエネルギーを「本当に進みたい方向」に集中させることができるわけですから、ガンガン快進撃できる**ようになるに決まっていますよね。

それに、それだけの覚悟を持って生きている人は、人から見ても輝いているから、世間が放っておかないのです。

魂の望むままに進むこと以外の余計なことや、どうでもいいことは、さっさと手放せばいいだけ。そうすれば宇宙と直結しているエネルギーの回路も開き、幸運が雪崩れ込むだけでなく、前を向いて生きていこうとする活力も湧き上がります。そうなれば、ますます「恐いものなし」になっていきますよ。

方法が問題なのではありません。覚悟の問題なのです。

「私はそもそも、ありのままで魅力的なんだ」とわかった上で、そんな私を大事にしたい、魅力を引き立てたいと思うのならいいのです。いくらでもおしゃれをして、自分に磨きをかけてください。

それに関しては遠慮は無用。どんどん自分を輝かせたらいいでしょう。

でも、これは「カッコつけること」とは本質的に違います。

自己否定を隠すためにカッコつけているのと、大好きな自分に磨きをかけるのとはまったくの別ものです。


何度もいいますが、あなたは最高に素敵だし、魅力的なのです。

何かができてもできなくても、あなたがあなたであることが最大の魅力なのです。

いつでも軸足はそこに置くこと。

そして、誰よりもあなたが自分自身の理解者であり、応援団長でいてあげてくださいね。

Point

「覚悟」さえ決まれば快進撃が始まる

Work 16 ビビってしまうことをする

そのものズバリすぎるでしょうか。

でも、怖れを手放して「やってみること」がこの章の最重要ポイントですからね。

この期《ご》に及んでやらないなんて、どうかしてる！

何か一つ、今まで本当はやりたい、言いたい、行きたいって思っていたのに、勇気が出なくて、できなかったことをやってみるのです。

勢いつきますよ〜〜〜〜♪

私は、今までにそういう人をたくさん見てきました。

仕事に疲れて死にそうにやつれていたのに、勇気を持って会社に辞表を出した途端に、消耗していたエネルギーを取り戻し、別人のようにパワフルになった人もいました。

それから、いつもお母さんが恐くて「本当は家業の美容室なんて継ぎたくない」って言えなかった女性がいました。でも、東日本大震災で被災し、命には限りがあることを思い知らされた。一度きりの人生で後悔しない生き方をしたいと勇気を振り絞《しぼ》り、「私はロミロミ（ハワイ伝統のマッサージ）をやりたい」と言って、本当にハワイに行ってしまった人もいました。

彼女は、その後、驚くほど輝きを取り戻しました。あんなに恐かったお母さんの前でも、堂々と自分の気持ちを言えるようになりました。

必ずしも清水の舞台から飛び降りるような、すごいことでなくてもいいのです。

ハイブランドの路面店に入って、堂々と品物を見て回るようなことだっていい。

今までは、「私みたいなお金のない人間が入るところじゃない」って思っていたかもしれない。だけど本当はそのブランドが大好きで、いつかもっとお金持ちになったら入ろうと思っていたのなら、今、入ってみるのです。それも堂々と。

そんなブランドより、あなたっていう宇宙に一つのブランドのほうが、よっぽど希少価値があるのです。ひるむことなんてありません。

こんな感じで、本当はやってみたかったのに、ビビってやれていないことを、いつやるのか明確に決めて、本当に行動に移してみてください。そうすればリスクを取ることが、こんなにも楽しいことだって実感し、クセになってしまいますよ♪

Work 17 「私はすべてのものに愛されている」を浸透させる

愛されなくなることへの怖れから、人は不安になります。

しかし、あなたは本当は、**すべてのものに愛されている**のです。

今着ている服にも、座っている椅子にも愛されている。服も椅子も人に使ってもらわなければ活かされない。だから、あなたに使ってもらえると、人間みたいに言葉を話せないけれど、エネルギー的には歓んでいるんですよ。

人間だってそう。たとえ険悪な関係になっている人だって、あなたと触れ合ったことで「険悪」ということが体験できた。一見よくないことが起こっているように見えるかもしれないけれど、険悪さを感じること自体が貴重な人間体験だし、自分を見つめ直せるきっかけにもなっているのです。

なかなかそのことに気づかない人が多いけれど、魂レベルでは、相手もちゃんとわかっているものです。

とにかく、みんなが「あなたが存在していること」に感謝しています。でも、なかなかそのことを思い出せないなら、宇宙とつながるワーク10『ありのままで完全』の回路をつなげる」のときのように、朝起きたときと夜寝る前に、胸の中央に両手を重ねて、

「私はすべてのものに愛されている」

と心の中で唱えましょう。

もちろん、いつやってもOKです。トイレに行くたびにやったっていいし、休みの日に公園のベンチに座って風に吹かれながらやったっていい。そうしたら、ベンチにも風にも愛されているって感じられるかもしれませんね。

とにかく、すべてのものに愛されているという真実を、浸透させていくこと。これはものすごく大事なことだし、このことが浸透し始めると、余計なことに振り回されなくなってきます。

そうそう、そのすべてのものの中に、もちろん自分も入っていますよ。

あなたもあなた自身を、魂レベルでは、どんなときも本質的に愛しているということをお忘れなく♪

おわりに――手放すことで「自由と豊かさ」が手に入る不思議

「余計なとらわれや執着を手放して生きること。さらに、やりたいことがあったら、リスクがあろうと、どんどん飛び込んでいくこと。そうすることで、人生が豊かになり、あなたは幸せになっていく」

私がこの本で伝えたかったことをまとめると、このことに尽きると思います。

今の私は、数年前より大幅に仕事を減らし、本当に好きなこと、やりたいことだけに絞っています。

2021年には実家の父が危篤状態になり、コロナ禍だったのですが、どうしても最期を看取《みと》りたいとの思いから、実家に戻りました。

そして、父を看取り、独り残された母のいる施設に実家から毎日のように通い、励まし続けました。結局、約1年ほど実家で暮らすことになったのです。

仕事が絶好調の時期に、なんでわざわざ仕事を制限し、実家に戻るなんていう決断をしたのかという人もいましたが、それが「私の魂が望むこと」だったのです。

それは、一見、損しているように見えることだったかもしれません。

でも、実際に戻るという選択をしたおかげで、生きるとはどういうことなのか、老いるとはどうなることなのか、そして自分はどのように人生を全《まっと》うしたいのかがはっきりしました。

人生の時間は限りがあるからこそ、どうなろうと妥協せずに、本当に好きなことをやっていくべきだと、より強く確信できました。

それで、1日にアップするブログの本数も減らし、基本的にオンラインサロンで、私がそのとき一番伝えたいことをありのままに伝えるという活動に絞りました。

その結果、仕事量が減ったにもかかわらず、ありがたいことに豊かさと自由度が増しました。

自分が握りしめ、執着していることを手放すのは、最初はなかなか難しいかもしれません。

でも、一度でも手放してしまえば、きっとわかると思います。

何も失うわけではないのだ。むしろ自由になり、解放され、素晴らしい出会いと豊かさがますますやって来るだけのことなのだと。

あなたにも、ぜひ、その歓びと幸せを体験していただきたいです。

そのために、この本をだまされたと思って活用してみてください。

あなたがさらに自由になり、幸せになることを、心から祈っています。

大木ゆきの

本書は、光文社より刊行された『つかまない生き方』を、文庫収録にあたり加筆・改筆・再編集のうえ、改題したものです。

「運《うん》のいい人《ひと》」は手放《てばな》すのがうまい

著者　大木ゆきの（おおき・ゆきの）

発行者　押鐘太陽
発行所　株式会社三笠書房
〒102-0072 東京都千代田区飯田橋3-3-1
電話　03-5226-5734（営業部）03-5226-5731（編集部）
https://www.mikasashobo.co.jp
印刷　誠宏印刷
製本　ナショナル製本

 ISBN978-4-8379-3059-4 C0130

王様文庫

ことだま「名前」占い

水蓮

「まさみ」の「ま」は真実を見抜く力を示している!? ◎あなたに与えられた素晴らしい才能の人」か……ひらがな50音に宿る〝ことだま〟で「その人」をズバリ読み解く新・姓名判断!

◎名前は呼ばれるたびに「幸せスイッチ」がオンになる ◎その人の名前はあなたの「運命

いちいち気にしない心が手に入る本

内藤誼人

対人心理学のスペシャリストが教える「何があっても受け流せる」心理学。◎「マイナスの感情」をはびこらせない ◎〝胸を張る〟だけで、こんなに変わる ◎「自分だって捨てたもんじゃない」と思うコツ……etc.「心を変える」方法をマスターできる本!

週末朝活

池田千恵

「なんでもできる朝」って、こんなにおもしろい! ○「朝一番のカフェ」の最高活用法 ○今まで感じたことがない「リフレッシュ」 ○「できたらいいな」リスト……週末なら、時間も行動も、もっと自由に組み立てられる。心と体に「余白」が生まれる59の提案。

K30636